赢在

管 理 的 智 慧

[葡] 尼尔森·多斯桑托斯·安东尼奥 **著**

刘梦茹 陈志雯 **译**

沉淀

东华大学 出版社

·上海·

图书在版编目（CIP）数据

赢在沉淀：管理的智慧 / （葡）尼尔森·多斯桑托斯·安东尼奥著；刘梦茹，陈志雯译 . -- 上海：东华大学出版社，2024.8. -- ISBN 978-7-5669-2395-0

Ⅰ. C93

中国国家版本馆 CIP 数据核字第 2024NP9538 号

责 任 编 辑　高路路
封 面 设 计　程远文化

赢在沉淀：管理的智慧
YING ZAI CHENDIAN: GUANLI DE ZHIHUI

著　　　者　尼尔森·多斯桑托斯·安东尼奥
译　　　者　刘梦茹　陈志雯
出 版 发 行　东华大学出版社（上海市延安西路 1882 号　邮政编码：200051）
营 销 中 心　021-62193056　62379558
本 社 网 址　http://dhupress.dhu.edu.cn/
印　　　刷　上海盛通时代印刷有限公司
开　　　本　787mm×1092mm　1/32　印张　5　字数　145 千字
版　　　次　2024 年 8 月第 1 版　　印次　2024 年 8 月第 1 次印刷
书　　　号　ISBN 978-7-5669-2395-0
定　　　价　39.00 元

序言 I

尼尔森教授与我，相识于15年前电子科技大学与里斯本大学学院合作开创的一个博士项目。彼时，该项目面临着很多不确定性，但我们依然坚信它充满前景。得益于两校的共同努力，该项目蓬勃发展至今。因十多年来的工作交往，尼尔森教授和我的友情不断加深，如时间的陈酿。我们每次见面，都话题广泛、无比投机。这一如心灵盛宴，令我陶醉其中，留下悠长的回忆。我对他的敬仰之情，愈久弥香、历久弥新。

尼尔森教授虽然多年深耕于战略管理研究领域，但他的知识面涉猎相当宽广。我受邀去过他在里斯本的家，他的私人藏书犹如一座小型图书馆。让我惊叹的是，从书架上抽出任何一本书，他都可以津津乐道地分享他对这本书的思考、领悟和洞见。这里的每本书都是他精神世界的一块拼图，为他构建出一幅宽阔深邃的知识版图。阅读，是他与世界对话的一种方式。

尼尔森教授是位内敛的绅士，儒雅而宁静，举手投足间流露出深厚的文化底蕴和岁月沉淀的稳重。他不张扬、不骄躁，以低调的姿态和深刻的内涵，优雅地展示着他的人格魅力。有时，他会给我一种仿佛从历史古线装书中缓步走出，凝智慧与谦逊于一身的感觉。然而，他的厚重、深邃和内敛却并不妨碍他的风趣和幽默。他的幽默也是非常"尼尔森式"，高级而不造作。闪烁着智慧火花的寥寥数语，像夏日午后的骤雨，来得突然却又恰到好处，让人回味无穷、畅笑许久。因为他的内敛，很多时候他会给人一种略带"羞涩"的感觉，但和老友相处，他会变着嗓子扮着鬼脸唱歌和模仿，又让人忍俊不禁于他有趣的灵魂。

尼尔森教授热爱中国。35 年前，他和家人第一次来到中国。自此，中国、中国文化、中国人民与他结下了深厚情缘，也吸引了他对中国情景管理问题的持续关注和研究。在 2020 年至 2023 年全球新冠肺炎疫情的艰难时期，尽管面临严峻的旅行限制和公共卫生挑战，他仍然坚持穿梭于中国与欧洲大陆之间，表现出坚韧不拔、无私奉献的敬业精神和教育情怀，体现了他对中国的深厚感情和眷恋之心。

尼尔森教授集深邃洞见和睿智幽默于一体的品质，在《赢在沉淀：管理的智慧》一书中可见一斑。尼尔森教授从古老的传说和寓言中汲取灵感，以伊索、拉方丹、佩罗和安徒生智慧中的不朽人物及其故事，来启发读者深入理解管理经验。这些故事寓意探索的同理心、韧性、足智多谋以及人际关系动力学等主题，正是当今管理者们制定决策和迎接挑战需要面对的。

尼尔森教授说，他不喜欢写"大部头"著作。《赢在沉淀：管理的智慧》是本"小书"，通过神话与隐喻，揭示持续成功的本质。

愿此书，成为 21 世纪管理者们的灵感、反思与转型的重要源泉。

教授

电子科技大学原校长

管理学的"大道至简"

　　管理是复杂的，管理学是深奥的，但管理学随处可见，管理无时不在。如何将复杂的管理和深奥的管理学理论简单化，让有兴趣学习管理学的读者不会被晦涩难懂的管理学理论弄得晕头转向，这是管理学教育的挑战。尼尔森·多斯桑托斯·安东尼奥教授基于自身渊博的管理学功底和丰富的经历，通过人们熟知的故事和他对周围事物的敏锐观察，通过闲庭信步式的随笔，阐释和解读了管理学理论。

尼尔森·多斯桑托斯·安东尼奥教授是葡萄牙里斯本大学学院的管理学教授。在我们南方医科大学与葡萄牙里斯本大学学院合作举办"公共卫生政策与管理"博士学位项目中，他担任该项目的学术教授。我和他相识于这个项目，至今也已近十年。他在我的印象中具有很好的亲和力，在交流中处处显露出管理学大家的睿智。我曾受邀去他家参访，看到他家里的满屋图书。这简直就是一个小型图书馆！我想这可能是他渊博学识的原因之一吧。在和他一起参加博士生的开题报告、中期评估和答辩等活动中，他的提问和讲授，处处体现了扎实的管理学功底。他擅长用事例和故事，把晦涩的管理学理论讲得有趣生动。

通过与其朋友利博里奥的聊天谈话，讲述了故事背后的管理学理论，最后又风趣地以利博里奥通过理解这些管理故事成为"管理学巨星"作为结束。"战略与策略"不仅说明了战略制定的重要性，区分了战略和策略，还强调了战略的灵活性。"爷孙卖驴"正是组织中"风向标综合症"的典型，讲解了变化环境下组织明确目标的重要性。"龟兔赛跑"这一老故事很好地阐述了在强调变革的时代，一定要坚持长期主义。"穿靴子的猫"解释了资源基础理论，告诉我们通过评估资源以及保护资源来维持竞争优势。"皇帝的新装"提出了组织治理，强调代理人要以股东的利益为追求，管理者的责任是创造鼓励建设性批评的组织文化。"番茄"揭示了企业应重视组织的社会责任，应该对所有与其活动有相关利益关系的人（个人或团体）负责，明确盈利之道是通过为利益相关者创造价值，而不是单纯控制成本。小酒馆里的"进来，点餐，付款，走人"的标识讲述了企业存在的面巾纸策略，只琢磨吸引新客户，而对老客户不管不顾。"为什么我们会问渔民今天捕了多少鱼，却不去问餐馆老板挣了多少钱呢？"解释了自己占用公共资源是合理的，而别人占用公共资源是不合理的心理，阐明了国家的职责。"市场"提出资源是稀缺有限的，需要以最有效的方式去分配。"我缴税了"阐明了纳税是权利也是义务，不能以"我缴税了"为由就单单只享受权利。"苏格拉底与管理学"强调了管理者要同时扮演好老师和学生的角色，不断学习，才能发现问题，提升质量。"只有所有人劲往一处使，组织才能取得成功"这句话不是绝对正确。我们取得成功，是需要劲往一处使，但也要强调分工。只有科学分工，朝着不同方向划船，组织才不会坠下悬崖。"一个人可以走得更快，一群人才能走得更远。"这句非洲谚语说明了组织的社会属性，强调了团队的重要性。"我的猫罗密欧捉到一只老鼠"这一研究案例说明了信息不对称的危害，强调情报信息的重要性。"计划性报废"道破了企业发展需要创造需求。"你先走，我马上到。去哪儿？"提出了参与式管理是组织成功的关键。但若想得到有效参与，组织必须创造条件，为员工提供培训和教育。"转交是什么？"提出转交与逃避责任有关，本质上就是把责任推卸到另一个人身上。"手持铁锤，看什么都是钉子。"这个谚语说明了组织在管理中需要根据具体问题选择相应的分析模式。"沉淀的智慧"阐明了组织要想生存，就需要有思考的时间。最后一章很巧妙，利博里奥通过故事的学习成了管理学巨星，既以幽默的方式说明本书内容的价值，达到"通过传统故事传播管理学理念"的效果，又以利博里奥的宣传小广告的内容说明如何做好广告宣传。

这本书体现出尼尔森·多斯桑托斯·安东尼奥教授幽默风趣和言简意赅的风格。作者出于平时对周围事物的敏锐观察和思考，结合故事向大家表达"管理学概念在日常生活中无处不在"。

管理学并非只是局限于象牙塔里的概念，它体现在生活的点点滴滴。只要留有思考的时间，我们就有可能产生沉淀的智慧，成为像"利博里奥"那样的管理学巨星。

博士、教授

南方医科大学副校长

兼卫生管理学院院长

2024 年 4 月 7 日

原版序言

　　管理语言随处可见。媒体每天引用着最晦涩难懂的管理学理念，它们往往以英语呈现（这能突出它们的重要性）。普通民众对此置之不理，继续过自己的生活。不过，不乏有人会产生兴趣，但却常常被一句话里铺天盖地的概念弄得晕头转向（而这些概念往往是彼此矛盾的）。

　　这本书是"通过传统故事传播管理学理念"研究项目的成果。如您所见，这一研究项目不仅采用了传统故事，还辅以笔者亲身经历的情境，希望基于人们所熟知的故事，向其他领域的学者阐释管理学语言。在社会科学领域，理论源于我们对周围事物的观察。因此，我们希望表达的是：管理学概念在日常生活中无处不在。

请不要忘记，管理学是一门社会科学。20篇文章并不能让我们变成能在管理学领域"大吹大擂"的人（抱歉，我想说的是大师）。但是，正如我的朋友桥本山多智所说："人们在自己创造的环境中度过一生。"

此为序，祝阅读愉快！

尼尔森·多斯桑托斯·安东尼奥

佩拉湾，2022年8月

中文版序

　　谨以此拙作，与我的中国学生们分享我多年在教授管理学期间积累的知识。自 1989 年以来，我与我的妻子——维尔吉尼亚·特里戈教授开启了我们的中国之旅，我们与许多所中国大学的学生们分享了管理学理念。这是一段令人欣慰的旅程。其实，管理学的相关概念在我们的日常生活中无处不在，也常常会出现在我们给后辈们讲述的故事里。本书捕捉了这些经历，并试图将它们放在当今管理学理论中加以解释。

　　愿以最浅显易懂的语言，向大家讲解媒体里以及我们生活中时时刻刻会提及的管理学概念。真心希望本书能得到您的喜欢。

　　此为序，祝阅读愉快！

（另：感谢电子科技大学原校长曾勇教授和南方医科大学副校长、卫生管理学院院长王冬教授愿为本书作序，是他们的博物多闻与文采斐然让本书更具价值。在此致以我最诚挚的感谢。）

阿索亚

2024 年 3 月

赢在沉淀：

管理的智慧

目录

赢在沉淀：
管理的智慧

绪　论

"世事如棋，智者见着局"

——若昂·多斯桑托斯·罗克，我的外祖父

有趣的是，这句我在孩童时代听过无数次的话，如今也越来越频繁地出现在我的日常生活中。我的外祖父有一种与世界主流相悖的天性。他曾提醒我，世界的线性规律已然结束了。他说他所观察和分析的事物难以被解释，只有敏感者（像一个触角）才能懂得。对他而言，世界不再是线性的，而是扭曲的（就像我们今天所说的"世界是复杂的"）。要理解世界的复杂性，我们就得变得复杂。人类在面对不确定性时，总是表现得很糟糕。他们总想预见未来，渴望线性模型主导下对未来的预测（未来只是现在的延续，我们须充分了

解现在，并由此预见未来）。但随着时间的推移，人类渐渐意识到，这些预测不过是对未来的一种限制。人工智能的发展试图将未来带到现在，让两者可以被并行讨论，在某种程度上使带到现在的未来成为事实。这不过是线性模型下的一次尝试，但不确定性不会消失。如若真的发生了，那么管理学家大肆宣扬的创造性空间也就无从谈起了。

　　我并不打算谈论我的外祖父，但是利博里奥的故事结局难以预料，不禁让我想起了外祖父的格言。这本书讲述了我的朋友利博里奥以及他如何变成了葡萄牙管理学响当当的人物。一段时间以来，利博里奥让我的心波澜起伏。我认识他很久，对他的人生经历很是钦佩。二十世纪六十年代，他就读于波尔蒂芒的一所中学。但那时，作为学生的他把更多时间投入在研究父亲（然而，父亲那时已经离世）在西尔韦斯工商业学校读书时钻研的书籍上，对学校老师推荐的书却不怎么上心。利博里奥自称对解决现实问题很有见地，他觉得课堂上的内容（尤其是理论上的）非常无趣。尽管如此格格不入，他还是完成了学校通用课程的学业。

虽然母亲一再坚持，但利博里奥却不愿继续钻研学业，而是全身心忙于打零工。后来有一天，他给我打电话说要去安哥拉，想去看一看父亲曾走过的地方。在接下来的十多年里，我没有听到关于利博里奥的消息。当我向他的母亲问起时，她回答说对她儿子的生活一无所知，还补充说："起初，他还给我写过一两封信。但后来，他就像人间蒸发了。他不会在荒野里走丢了吧？天知道！"

进入二十一世纪后，在六月一个宜人的傍晚，电话铃响了。那头传来利博里奥的声音，他说他真的非常需要和我聊聊。我们约了见面。在约定好的日期和时间，利博里奥如约到了咖啡馆，但并不是很想谈及他的过去。他只是说他去了安哥拉，希望体验父亲的情感（因为父亲曾多次提及在那里度过的日子），但却迷失了自我。现在，他特别想谈谈未来（对未来有一种担忧）。因为他感觉在自己出门在外的十年里，葡萄牙发生了很大的变化，报纸上的许多新闻都不理解了。他希望为自己的人生寻求一个方向。他想，如果他掌握了一些管理学理论，应该就能更轻松地完成任务。"理解当今世界的关键是破译管理学者的讲话。"利博里奥每隔五分钟就肯定地说道。他给我讲了一个令他困惑不已的小故事。有一天他来到里斯本处理一些待解决的事务。当走在卡尔莫街上时，一位许久未见的老朋友喊出了他的名字。这位朋友和他一样，也是阿尔加维人（我也是）。"你知道的，阿尔加维人说话吞音。有人说这是因为他们懒，有人认为他们是想建立一种说葡萄牙语的新方式，为的是与其他人区分开，这使得他们能够在敌人眼皮底下为独立做准备。无论如何，人们听到的是利博（Libor，与伦敦银行同业拆借利率谐音），而不是利博里奥。大家都想与"利率"谈谈，以了解更多关于"利率"的情况。我大声问道："什么'利率'？"但却没有得到回应。甚至还有人说："今天别投资，因为'利率'非常不稳定。"我朋友困惑地问道："难道他们把我当成了一个可以浮动的'利率'？"他还补充说："那天我连咖啡都没喝。"

　　正是因为如此，才有了下面每周的交谈内容。我答应过我的朋友，我不会谈及他现在的生活。即使我想说，我也没法说，因为他又人间蒸发了。这也就是说，在发放印制在《地铁报》上的关于这本书的传单之前，我都没有再得到他的消息。我希望我们的交谈对读者有所帮助。因为对他而言，一切迹象都表明这些谈话的内容是非常有价值的。

第一章

实现目标的方法：战略与策略

我们经常听说，某个组织因毫无战略而以破产告终。我们对此深信不疑，不仅丝毫不会去质疑这种说法的真实性，还会广而告之。没过几周，它就变成了无可辩驳的"真理"。

一个组织是否有战略？没有战略与破产之间是否有因果关系？利博里奥对这个问题饶有兴致，也正是出于好奇心，驱使他想要更深入地探讨这个话题。

以下是他向我提出的一些问题：

"这个组织真的没有战略吗？还是说它有一个糟糕的战略？"

"又或者是战略虽然被制定得很好，但被实施得不好？"

当我们谈论战略时，我们谈论的其实是一个过程。为便于分析，我们一般将其分成三个阶段：制定、实施和控制。这是一个源源不断收集信息的过程。组织需要密切关注世界上所发生的事，原因在于这些事都会直接或者间接地影响组织绩效。它还需要辨识与其绩效相关的信息种类，否则就将面临瘫痪，不能像接收器一样只传递信号却什么也看不见、什么也听不到、什么也不说。信息的识别和质量对于战略的制定、实施和控制至关重要。因为在所有进程中，如果引入垃圾信息，产出的也会是垃圾信息。当然，组织也不能矫枉过正，以至于将所有看似与业务无关的东西一概剔除。不能这样做的原因在于那些看似无关紧要的事情往往对公司很关键。总之，在收集信息时，组织需要将重点和非重点结合起来。从根本上来讲，它必须思想开放，愿意复盘目标设定过程中的预测。

另一个值得关注的问题是：我们不能按部就班地以线性思维对待不同阶段，而应该以循环的眼光，让各个阶段互相促进。值得一提的是，平衡计分卡（BSC）的出现是为了解决组织内绩效考核问题，其主要目的是回答两个问题：一是无形资产在组织中的重要性与日俱增，但却没有被纳入考核范围；二是战略与未来密切相关，而在考核中却使用与过去相关的指标。为了回答第一个问题，平衡计分卡的倡导者提出了四个方面来考核组织，即财务、客户、内部运营、学习与成长，并给每个方面设定了四到五个目标。至于解决第二个问题，平衡计分卡的倡导者则提议每月追踪这些不同目标的绩效表现。

最初，这个管理工具主要用于战略进展的检测，后来慢慢地扩展到其他阶段。二十世纪九十年代，平衡计分卡被用作一种测量系统（包括结果、趋势、财务和非财务这四个方面的指标，核心是"以指标为导向"）。九十年代中期，平衡计分卡开始被视作一种管理系统（将战略与绩效管理联系起来、让战略沟通贯穿整个企业、使用战略地图，核心是"将战略变成操作计划"）。到了九十年代末，平衡计分卡开始被用作战略管理系统（让组织与战略对齐，把战略转化为运营术语，将战略视作一个持续的过程，核心是"让组织中的所有人参与战略的执行"）。

战略本质上是关于未来的，涉及组织（作为一个整体）与环境的关系。粗略地说，我们可以把环境定义为企业所处

赢在沉淀：
管理的智慧

的空间。事实上，企业运营空间飞速扩展，这不仅因为拆除了海关壁垒，新通信技术对此亦有促进作用。如今，如果一家公司在本国找不到所需资源，它就会借助通信技术将目光转向海外。这些技术缩短了时间、扩大了空间，前者意味着我们没有时间按照顺序去考虑战略执行的各个阶段。假如最先制定战略，而这个阶段和实施阶段相隔数月，在此期间环境可能发生变化，那么制定阶段所设定的目标也将会面临失效。因此，组织必须接受要重新制定目标的事实，勇于质疑目标设定阶段的预测。

当谈及策略时，我们所指的是实现目标的路径。在语言表达中，我们常常把"战略"和"策略"弄混淆，而通常我们所说的实际上是"策略"。正如其他人所说，"策略有很多种方法"。例如，"贤者之石"（或"炼金术石"）的策略可以概括为坚信一切都不会改变（胜利者无须做出改变）。然而，世界不会停下脚步，它在不断地加速向前。这意味着在过去能引领成功的要素，如今却并不一定有效。

接下来的这件轶事便可以解释这一现象：有位居住在巴西的葡萄牙侨民，靠设计和生产火柴赚了大钱。他所生产的这些火柴有两个头，如果一个头点不着，往往另一个头可以。于是没过几年，他就积累了一大笔财富。不过，他却厌倦了这盆满钵满的日子，想要帮助家人，便叫来弟弟加入他一起干。弟弟来到了巴西，逐渐适应了工厂的环境。哥哥提议让弟弟接手这家工厂。弟弟起初拒绝了，但随后哥哥劝说道："我得休息，我有足够的钱，也有很多想法，如果我后面还想找点事做，也会有其他办法的。"面对哥哥的坚持，刚到巴西的弟弟接手了工厂。两年后，哥哥厌倦了无所事事的日子，于是开了一家别针厂……这些别针也有两个头。

在当今这个世界，我们尽管很难做出准确预测，但看过这个故事，我们不难发现，他让财富打了水漂。这件轶事以一种夸张的方式告诉我们：成功的关键因素会随时间而变化，也会因不同组织、不同行业而有所区别。对这些因素的分析有助于我们更好、更快地了解他人的做法和方式，而盲目照搬只会对我们有百害而无一利。这是因为每家公司都是独一无二的，同时环境也在发生着急速的变化。另外，还有一个称为"墨鱼"的策略（没错，就是那种软体动物）。当遭受攻击时，墨鱼会喷出墨汁来制造屏障、迷惑敌人，使敌人找不到目标，甚至会误以为它已经跑远了（逃跑距离的远近取决于墨鱼的体型）。然而，它并没有远离……它就在附近。组织经常采取这种策略：所有大型和中型组织都拥有自己的公关部门，用来监控它们与媒体的关系，他们经常做的就是通过"喷出墨汁"来迷惑竞争对手。有时，他们会假装对某项业务并不感兴趣，但其实他们已经在拿下这项业务的路上了。我们生活在一个公关时代，以至于连警察都觉得有必要解释维持秩序的原因，这导致了各种信息相互抵消，人们仿佛生活在被"墨汁"笼罩的幕布下。人们所熟知的另一个策略是"蜘蛛策略"。就像蜘蛛一样，许多组织之间建立了非常强大的网络（与供应商、客户建立长期关系，在某些情况下甚至是与竞争对手建立合作伙伴关系）。这些网络可以帮助他们抵抗甚至消除来自竞争对手的潜在攻击，如避免公司被恶意收购，还能够在必要之时协助消灭敌人。我们也可以谈谈"章鱼策略"，但如今反腐问题众说纷纭，我们还是静观结果吧。

正如我之前所说，策略有很多种。通常来说，我们把策略与目标一一关联。就在不久前的黎巴嫩战争中，以色列人声称他们要用杠杆策略废除真主党。这个策略里包含什么呢？轰炸黎巴嫩的城镇和乡村，以使人民起来反抗什叶派运动。

从日常用语中很容易推断，每当我们想要实现一个目标时，就会为其制定一项具体的策略。组织也是如此，最著名的便是波特与安索夫的竞争策略。在波特看来，竞争策略存在三种通用策略，即成本领先策略、产品差异化策略和集中策略。许多年来，波特的追随者们，或对日本的情况漠不关心，或基于对日本没有策略的假设，他们对外宣称的是——成本领先策略与产品差异化策略之间是相互排斥的。也就是

赢在沉淀：
管理的智慧

说，组织要么选择一种，要么选择另一种，如果试图同时采用两种，就会陷入困境。但事实证明，日本人（一些波特的追随者认为日本人没有策略）实际上在同时应用这两种策略，并成功地占领了市场。

根据安索夫的观点，竞争策略存在四种策略，具体指的是：市场渗透（单一产品进入单一市场）、产品延伸（多个产品服务一个市场）、市场开发（单一产品进入多个市场）和多元经营（多个产品服务多个市场）。安索夫指出，组织要注意策略实施相关的风险，尤其是多元经营策略下的风险最大。

现如今，人们经常讨论组织必须拥有国际化经营策略的重要性，但当人们决定从哪里做起时，却犯了难。有些人认为，组织应当到邻近的西班牙或者其他欧洲国家去；而另一些人却支持组织向其他葡语国家拓展市场。无论去哪里经营，国际化经营策略都会伴随着额外的风险，这是因为组织将开始在未知的环境中运作。虽然葡语国家具有一些与我们相近的文化特点，但它们也有独特之处需要我们开展调查。

当派遣一名管理者去一个与其文化不同的国家工作时，我们必须要小心谨慎，因为这关乎组织本身的形象问题。管理者应了解他国文化，尤其要具备开放包容的心态和接受新事物的能力。通常情况下，葡萄牙人有"蔬菜汤（葡国经典菜汤）综合症"，他们想念本国菜系，在日思夜想中与所在国家的人或事物渐行渐远。许多人觉得他们只是短期待在那里，总是想着回到家乡，因此对工作并不投入。不仅如此，组织还通常把没有足够影响力或人脉支持的年轻员工派往国外，这使得他们在做决策时的自主性受到限制。

这个话题还有很多值得讨论的地方。我觉得要是把日常使用的不同术语都收集起来，我们一定会有所启发。但我认为下面这些话足以传递我所要表达的信息：当谈及"战略"时，我们是在谈论一个需要大量信息支持的过程；当谈及"策略"时，我们指的是达成特定目标的路径／方法。这些选择必须被量化。因为只有这样，我们才能评估执行情况。

选定战略之后，我们就会制定一个计划。计划不外乎是为了量化和规划所制定的战略。诚然，"计划"这个词会让人觉得死板。因为有了计划，就要去执行，但我们也要注意做事不能一成不变。"计划"的本质是为了让组织更加灵活，而不是墨守成规。

这个问题让我想起了 2005 年的一档法国频道的节目，它意图帮助人们解决问题。其中有一集，一位法国女士遇到了大麻烦，希望能获得他人的帮助。这位女士在结婚时说服丈夫，认为家庭只有用经营公司的方式管理才会有效（这是另一个被普遍接受而不被讨论的事实，即一切都需要企业化管理，却忽略了存在着管理成功与管理失败的例子），她还强加了一系列家规。比如，每天晚上她都会制定一份周密的计划，列出她和丈夫需要"执行"的所有家务，并规定这些"任务"的截止日期。由于家务通常都无法按照计划如期完成，她失去了控制，把家里所有东西都弄得一团糟。她难以接受"意外事件"的发生，还把这一切责任都归咎于丈夫

（她习惯于把问题归咎于外部因素）。

计划是为了更灵活机动地做事，因为它可以促使我们立足当下、思考未来。尽管未来可能发生的情况不尽相同，但只有更多地去思考未来，才能做好充分的准备。

第二章

《爷孙卖驴》与管理智慧

另一个困扰着利博里奥的问题是为什么战略始终如一。他不停地问道："既然大家都明白环境是在变化的，为什么我们不经常改变组织的战略呢？"我想用拉·封丹的寓言故事《爷孙卖驴》来回答这个问题。

对于组织而言，它始终存在一个很大的难题——如何在适应环境压力、维持系统内部凝聚力和有效运转之间找到平衡。系统内的各部分相互依存，为实现特定目标而凝聚在一起。人聚在一起形成了组织，因此，组织是一个鲜活的、受生命周期及其不同阶段影响的系统。同时它也是开放的系统，因为如果不是这样，就只能接受闭环刺激，便会患上"肥大症"，严重时甚至会死亡。但是，无论是生命周期的各个阶段，还是外部刺激，都不应妨碍组织目标的实现。这是组织存在的原因。

这也正是著名的寓言故事《爷孙卖驴》中反映出的管理智慧。故事的开头告诉我们，"老农牵着小毛驴，让它载着孙子，往镇上走去。"这个老农有一个系统（驴），自然而然地赋予了它将人和货物从一个地方运送到另一个地方的目标。这段特定的行程当然是早有准备的：早上起床后，老农观察了一下天气，发现天气又闷又热，于是决定用他的运输系统载着孙子"从山上到镇上"。他从未想过，路人会质疑毛驴的用途和他的想法。他只是想，今天可能会出现闷热天气，因此要保护自己的孙子（在老农眼里，年幼等于体弱），免得他生病。

他原以为很简单的事情，却最终变得复杂起来。他遇到了一群人。他们说："看看他！强壮的男孩骑着驴，老人却跛行在旁！"面对同样的情况，这些组织外的人表达了不同的看法，并试图左右组织的行为。对老农来说，男孩理应受到保护；而对这些路人来说，这不是年龄的问题，而是体格的问题（男孩可能比较健壮，但在老农眼里却也只是个孩子）。

定义组织的目标并非易事。很多时候，我们无法将目标（组织的作用是什么）和限制（组织必须要做什么来实现它）

区分开。目标可以被设定得非常详细，因为它显然可以给组织提供一个清晰的方向——可以明确产品或技术、要达到的区位类型以及应当引导组织成员行为的价值观。然而，过于细节化的目标会限制其行动，增加使其不切实际的风险。这种情况一旦发生，就需要很快修正。组织的目标不能简单归结为满足其主要利益相关者（供应商、客户、股东、员工、社会）的需求，因为他们的存在更多地是对组织活动的一种约束，即组织需要满足他们的需求才能生存下去。在这种情况下，我们需要对组织及其周围环境进行深入的分析才能定义目标，这应成为制定组织策略的基础。

任何管理都必须从设定目标开始。在组织生命周期的不同阶段，我们不能忘记、更不能改变这一目标，否则组织将变成无意义的风车。虽然拉·封丹的这则寓言是一个极端的例子，但它很好地说明了"风车现象"影响了许多组织的管理，导致其失去有效运作的能力，且无法满足内外社会对它们的期望。"人言可畏，"老农说，"从驴上下来吧，孩子，

赢在沉淀：
管理的智慧

我来骑，你跟在后面走。"最后，为了满足路人的期望，老农骑上了驴，但他又听到有人说："多傻啊！老人家自己骑着驴，却让可怜的小孩子走路！"

为了"让世人闭嘴"，爷孙俩做了一次又一次的尝试，最终决定把驴扛在背上。"看看这两个疯子！"路人低声议论道，"把世界搞得天翻地覆，成了驴的驴，简直本末倒置！"至此，企业目标已经完全被遗忘，也忘记了需要了解系统中各部分的能力和弱点。爷孙俩不情不愿、疲惫不堪。他们最终是否能带着驴到镇上，不得而知。

"风车现象"妨碍了组织目标的实现，这是因为通过莫须有或者没有任何目标的项目来动员人们的这种做法并不科学。不仅如此，在没有明确方向的情况下，它还阻碍了人力资源的正常培养和发展，以使其获得某项特定的能力。如果组织总是频繁改变目标或解释不清其具体内容时，这则寓言故事就会不断重演。组织无法通过具体项目来激励员工，也就会因此面临着陷入困境的风险。

第三章

龟兔赛跑

"变革"是我的朋友利博里奥最感兴趣的话题之一。据他说，每当企业管理层发生变动时，他们总试图向所有人证明，前任管理层所做的一切几乎都是无关紧要的，而他们自己将开启一个崭新的时代。之后，管理层会聘请几家咨询公司，让他们各自都写一些研究报告。接着，公关部门发布消息，称他们有能力制定一项将会为公司甚至为国家都带来新生的战略。人们的好奇心越来越重，议论纷纷。就这样，某一天，公司就换了标志。他们觉得，更换标志（古代的徽章）就能永远留下自己的印记。然而，这只是一个微不足道的品牌，实际上，就像在葡萄牙发生的一切一样，所有的事物无论在诞生、成长还是消亡阶段都并不惹人注目。继任者也渴望被载入组织的史册，因此匆忙采取措施来改变标志。一代一代的继任者，都会这么做。所有人都对他们所做之事感到惊讶。其实，他们本可以通过改变组织文化这种方式来给自己留名，但这种改变需要时间，而葡萄牙的管理者常常声称自己没有时间。

有些组织的行为，就像伊索寓言里的"兔子"，展示着他们"跳跃"的能力，将所有的资源和精力都投入到一些不太重要的事务中。而另一些组织则更像是"乌龟"，以缓慢而不引人注目的方式循序渐进，持续而不间断地专注于长期目标。

在短期内，"兔子"可能会领先，这表明大步迈进是参与竞争的最佳方式。但从长期来看，勤奋的"乌龟"才是更有力的竞争者。他们稳步前进，目标明确，最终赢得比赛。

对于革新观点的支持者来说，持续改革通常体现着他们并不迷恋急功近利的发展。另一方面，不断革新本身也更有利于长远发展。在他们看来，发展是循序渐进的，不是急功近利的，但也正是因为会在较长一段时间中持续进行，所以总体上的变化水平还是很显著的。

以下三个特点，对于保持变革的持续步伐来说至关重要。

第一，组织内所有员工都应参与持续改进的过程中，应对改善现状提出建设性的建议，要抱有"事物总是可以不断改善的"想法。这反映的是一种拒绝躺平、悦纳坎坷的态度。

第二，在组织中工作的所有人都要有不断学习的动力，要持续更新他们的知识库。这意味着他们不仅要汲取新知识，还要有质疑精神。学习总是与"去旧存新"相伴而行，这指的是改变组织中共享的认知图谱。很多时候，人们发现"去旧存新"往往比学习更困难，因为它意味着要放弃常规与惯例。学习、舍弃所学到重新学习，这是我们对当下工作者的期盼。希腊人提出了终生学习的必要性，而这一需求最近也被欧盟重新重视。

第三，所有在组织中工作的人都应积极适应不断发生的变化，应根据外部变化持续调整，努力保持灵活的对齐状态。组织要积极避免惰性，拒绝僵化。管理者应该努力创建灵活的结构和流程。员工应避免"扎根"，利用"锚定"。例如，一名员工买房子就是在"扎根"。如果他选择租房，而不是买，那他是在设置可以移动的锚点，可以在需要时将其移除，前往另一个地方重新"锚定"。这种灵活性需要租赁市场发挥作用。

所有思考世界的人都会同意，世界正变得越来越复杂。这种复杂性一方面是因为全球化的形成，增加了资本、人员、商品和服务的流动性，所有一切发生的原因在于，近几十年有形商品和无形商品的运输系统大有改善，而且……大型企业对这方面很感兴趣；另一方面，还因为行业之间的界限消失了，过去一个行业的类型很容易被确定，而如今却很难。许多创新来自两个及以上行业不同因素的结合。世界越来越复杂，预测也随之变得越来越困难。我们最多只能预测"未来之雾"，在"雾"中行走时要十分小心。处于这样的环境下，我们并不适合像兔子那样快速前进，而是需要有耐心，不断地收集和处理信息。只有这样，我们才可以在评估我们所做工作的同时，也能制定新的步骤。因此，坚定不移的乌龟则更适合穿越"未来之雾"。

在组织内部组建团队是应对上述问题的一种方式。员工们不会自发成立团队。高层管理者需要去鼓励，并为团队运作提供必要的资源支持。面对外部环境日益复杂带来的挑战，团队应由不仅具有不同教育背景，还有多样文化背景的成员组成。总之，我们应该要建立一个复合型的团队，以应对日益复杂的外部环境。中国有句俗语："手持铁锤，看什么都是钉子。"如果所有团队成员的国籍相同、技能相同，那么他们通常也会以相同的方式理解现实，就更像是用同一双眼睛在看待现实。而我们所真正希望的是，团队的成员有不同的阅历，以便于他们能够理解现实的不同方面。

一旦团队形成，我们就得为他们配备良好的工作条件，提供培训、教育和信息获取的机会。原则上，经过培训的团队能做出更好的决策。我们的目标是让组织成员参与决策过程。赋权不仅包括给予员工资格，还意味着要创造条件以允许他们参与决策。让团队运行起来并非易事。人们不习惯突然被征求意见或被要求表达意见，通常对此心存怀疑。团队的运作方式需要大量的沟通工作。因为只有这样，我们才能吸引他们的注意力，激发他们的积极性。他们得感到所有要解决的问题是他们自己的问题，并且也得感受到这些被要求的事情是有意义的。不断激励并不意味着仅仅是让人们乐意去做自己不喜欢做的事情。

根据我的个人经验，在最初的几次团队会议上，成员们会采取防御性策略，保持沉默，一言不发，只是静静地观察。经过四五次会议后，他们渐渐找到发言的意义（他们需要受到一些刺激才会主动发言，比如高层管理者给予的承诺、会议的条件），并且大家都想要合作。在这个阶段，团队领导者面临着一个新问题：最初需要鼓励参会者去发言，而现在需要维持会议的秩序。在我们所生活的原子化社会中，倾听比表达更困难。

如若团队具有一定的文化多样性，就需要学会处理一些新的问题。其中一个问题与我们所使用的工作语言有关。工作语言时常是英语，但这不是我们的母语。我们用它来沟通时往往会出现理解不到位的情况。很多书或多或少讲述了有关这方面的有趣故事。我觉得最有意思的故事是由一位美国人写的。他在作为运动员参加东京奥运会时爱上了日本，并决定去那里工作。他讲述了一个故事："有一天，一名员工的父亲来到他的办公室，为他儿子给公司造成的损失道歉，并偿还了一小笔钱。这位美国管理者对这位父亲的到访感到十分惊讶，尤其是这位父亲所陈述的内容，他便向其他人询问事情的真相。当时的情况是这样的：公司正在完善会计准则，但它的总部在美国。因为总部对日本分公司的拖延感到不满，就发来了一份传真，称无论付出多少代价，不管对谁造成影响，日本分公司都必须在规定好的日期前完成任务。最后还说，这是一个关系公司存亡的问题。负责分公司会计事务的日本人觉得他们发现了他的一些小伎俩，比如他乘地铁出行，却报乘出租车的账。他的父亲来公司正是为了偿还这笔钱。"

　　几乎所有拥有不同国籍员工的组织都会发生类似的情

况。我们可以好好体会其中有趣的一面。是否能深入了解一个民族的文化，很大程度上取决于我们是否愿意全心全意地与他们互动和交流。心智地图就像一个滤网，保护我们免受外界的侵害。现如今，我们不断被信息轰炸，而这张地图只允许我们感兴趣的信息通过，以起到保护我们的作用。然而，滤网的网格也不能过于密集，否则就会完全封闭我们对新事物的认知，阻碍思维的发展。我们需要的是滤网网眼清晰的心智地图，这样才能在已有的知识基础上进行拓展与补充。

正如龟兔赛跑的故事一样，我们得有恒心、有耐心。我们需要深入分析所面对的问题，避免匆忙行动。最后，我想再提一下二十世纪五十年代丰田代表团访问通用汽车公司的报告。那个时候，两家公司的规模是无法相提并论的。然而，日本代表团负责人在其撰写的报告中，在描述了美国公司组织工作的模式后，说道："尽管如此，我们还是有能力超过他们。"那时，丰田公司每日仅生产50多辆汽车。

第四章

《穿靴子的猫》与资源基础理论

利博里奥总是对资源相关的问题很感兴趣。他认为，没有资源的组织是无法生存的，而资源可以归结于人力资源。因此，必须非常重视人力资源，因为除此之外的所有资源都可以用金钱购买。令利博里奥困惑的是，所有人或多或少都知道，当今最重要的资源是知识，而知识主要存在于人的身上，但为何相当一部分组织对待人的态度却咄咄逼人。我想通过《穿靴子的猫》这个故事，来探讨这个问题。

长期以来，战略一直被定义为"组织在其内部资源、能力……与组织所处外部环境中的机遇和风险之间寻求的平衡点"（Hofer, Charles W. & Schendel, Dan, 1978）。这个等式制衡的两端，分别是需求方（机遇与风险）和供应方（内部资源与能力）。二十世纪八十年代以前，战略管理理论家和实践者主要关注的是企业与外部环境之间的联系，因此更偏向于需求方。

这一时期，战略分析主要看重如何获取垄断性收益。这意味着要选择一个行业或一个分支（发现机会），来争夺主导地位（在著名的 BCG 矩阵中，这体现了市场份额的增加，能让企业的产品从"问号"区域移向"星"区域，也就是从受控制的位置转至主导地位，如果有可能的话，垄断市场，淘汰所有竞争对手……以上所有都能通过降低成本来实现）。

然而，如果市场结构处于不断变化的状态（这意味着持续性的变化），那么垄断性收益很快就会受到来自技术创新与管理创新的新竞争源的冲击。这时，我们就得用新的理论来解决如何维持竞争优势的问题。

资源基础理论回答了（或者尝试回答了）上述问题。该理论被其倡导者视为一种对传统战略方法的突破。企业不再被视为产品或市场的集合，而是被视为资源的集合。决定战略的不再是客户的需求，而是企业所拥有的资源和能力。

该理论的突破建立在这样的观点之上：决定策略的不是企业的外部条件，而是其内部条件。竞争优势建立在充分利用其资源的能力上，它需要在自身内部寻找竞争优势的来源。因此，依照这一理论，战略制定的一切出发点都在于明确企业定位和确定自身竞争优势（这样一来，供应方就显得至关重要）。

根据资源基础理论，企业想要取得成功，就必须拥有资源和能力。此处我们应把资源看作名词，将能力视为动词。

资源和能力

资源	名词；企业的所有物	例如：专利、优质劳动力、品牌、地理位置
能力	动词；企业的优势	例如：高效生产、向客户提供高品质服务

然而，仅拥有资源这一条件并不一定能保证成功。企业必须懂得通过整合资源来创造价值。我们要把能力视为动词，指的是企业如何运用它们的资源。

企业若想盈利，资源和能力得是稀缺且固定的。稀缺性是盈利的必要条件，但并非充分条件。为了将企业的资源和能力转化为利润，企业必须实际拥有它们。这也就是说，它们应是不可移动的。

资源和能力是非流动资产。这主要表现在以下方面：（1）未经企业授权，不能在市场上进行交易；（2）就算这些资源可以被交易，那么也不存在其他企业能同样高效地运用它们的情况。

若该资源（未经原企业授权）能被其他企业利用，则应被视其为流动资产。稀缺且不可移动的资源可以为企业带来利润，但如果它们能产生协同效应，并能应用于新产品和新市场，那自然更好。不要忘记，我们是在谈论长期的战略，因此需要的是具有持续优势的资源和能力。

资源审计应在制定战略之前进行，因为正如我们所见，并非所有的资源都会带来利润（见下表）。

资源和能力审计

资源 / 能力	稀缺吗？	是流动资产吗？	能实现协同效应吗？	是具有持续优势的资源吗？
资源 1				
资源 2				
资源 3				

这就是《穿靴子的猫》故事的相关之处。可怜的磨坊主行将就木，身无分文，但经验告诉他，家中若无"面包"，会争吵不休，却无法达成一致。于是他决定自己动手，对他所剩无几的财产进行分配。他把三个儿子叫到一起，首先宣布将磨坊留给大儿子，将驴留给二儿子，而把猫留给小儿子。这样，从理论上讲，老大和老二如果想利用这个机会（也就是对面包的需求），就需要合作，因为生产和分配面包，既要有磨坊，也要有驴。猫既没有被听取意见，也没有被考虑在内，它不适合这个过程，这让它的主人非常沮丧。

然而，虽然这只猫被忽视和忽略，但它会说话。这项独一无二的资源的价值，主要体现在它的无形性上，也就是它的能力和知识（事实上，通常来说，猫的有形性只有它的主人才能感受得到。正如阿戈斯蒂尼奥·达席尔瓦所说，猫自得其乐，不为他人所控）。资源和能力是有等级之分的，资源是一种资产，而能力则是资源组合所产生的技能。在所有能力中，只有部分能力具有价值，因为它们可以构建一项战略。这些能力被称作独特能力、核心能力。因此，整个问题的关键在于确定核心能力。

在《穿靴子的猫》的案例中，它独特的能力就是会说话。这是动物能够说话的时代才会出现的事情，那是一个离我们现在很遥远的时代……尽管很多人向我们展示了未来机器也能够说话。这只猫知道自己有这样的本领，因此当它看见主人哭泣、为自己的命运感到不公时，它走到他身边说："我亲爱的主人，别担心，一切都会好起来的。"它又说："我能帮您找到一个家，您只需要给我准备一双靴子和一顶帽子。"这个请求令主人感到惊讶，但又备受鼓舞。这只猫不仅会说话，用词还十分准确。这是一个管理者应当具备的至关重要的条件，他们的职责就是通过语言来调动人们的积极性。

资源基础理论的经济学基础包含在进化论中。这一思想流派的主要目标是提供一个以达尔文式生物模型为基础的经济变革的一般理论。进化论基于三个要素：

一、企业拥有一种遗传资产，以例行程序的形式存在，这些程序是对应技能与能力的持久性元素。

二、企业存在迭代更替，因此会进行一些研究和创新。

三、企业只有具备更加适应外部环境的例行程序，才能生存下去。

我们所面对的是充满悖论的管理学理论。企业一方面构建自己的例行程序，这是提高生产率的基础。另一方面，企业必须时刻准备好打破这些例行程序，也就是突破创新，在例行程序与创新需求的冲突中，塑造企业的未来。

根据进化论，企业多少都有一套应对环境变化的程序化方案，也就是说，它在还不知道问题是什么的情况下就已经有了应对方式。企业根据经验，用这些应对方法确定好例行程序。进化论者将其分为静态业务流程和动态业务流程，前者是对往常做法的机械重复，后者源自创新，是企业变革的基础。这些程序往往是内在的，是不可转移的。它们就像是企业的特有资产，区分了企业，还构成了其绩效的基础。进化论的支持者认为企业按照一定的路径发展，它的能力性质和学习类型在很大程度上决定着企业如何进化。企业的生存不仅取决于其能力资产，还依赖于这些能力在应对外部环境变化方面上的适应性。

"穿靴子的猫"就像是磨坊主小儿子的企业，既有静态程序也有动态程序。一方面，它总试图（通过说话）给人们制造惊喜，来实现既定目标，给自己亲爱的主人提供一个美好的生活；另一方面，它也在不断创新，以适应外部环境。这只猫让农民们大吃一惊，它让一些农民在国王路过时向侯爵行礼（这些农民知道谁是侯爵吗？或者说，在面对一只会说话的猫这样的超凡力量时，他们是否因为惊讶就顺从了猫的指令？）。

"穿靴子的猫"让国王怔住了，还成功地拿捏住了他，让他成了自己捕食的"一只老鼠"。

毫无疑问，这家企业是沿着一条特定的路发展起来的。在主人的默许下，猫想方设法地达到其目的（为亲爱的主人提供一个美好生活）。

正如我们开头所提到的，并非所有的资源都适合用于制定战略。要想基于资源制定战略，企业首先要识别和评估其资源，并确定哪些可为未来的竞争优势建立基础。它们必须大体上是稀缺的和不可移动的。

这个过程包括识别和评估企业（与竞争对手相比）所拥有的一系列资源，随后做一套测试来确认哪些是真正有价值的。资源基础理论的追随者面临的核心问题是：在何种情况下，企业的资源能为其注入持续的竞争优势？我们知道，竞争优势是指一家企业具有其他有效竞争对手或潜在竞争对手所不具备的优势。它的特点是：其持久性不仅仅取决于时间的长短，还要看竞争对手是否无法复刻这种优势。如果某种能力能够为企业带来持续的竞争优势，那么它就被认为具有巨大的战略价值。D. Puthod 和 C. Thévenard 提出了五项系列测试（相关性、稀缺性、可模仿性、可转让性、可替代性），来评估这些能力的战略价值。

第一项是相关性测试，考查能力的相关性。如果该能力可以让企业在外部环境中抓住机会、规避威胁，那么我们就可以认为它是相关的。

第二项是稀缺性测试。它将普通能力和少数竞争对手拥有的能力区分开，稀缺性越强，其战略价值就越高。

第三项测试确定的是能力所带来的优势的可模仿性。能力越是无形、隐形（未被编码），其可见性就越低，被模仿的可能性就小。

第四项测试是评估能力是否可以转移，也就是看它在其他环境中是否适用。一项能力的特定性越强，它在不同环境中的应用就越少，其战略价值就越大。这一项标准衡量了企业对其能力的控制程度。比如，企业可调动拥有该能力的员工，但也有可能在员工离职时失去这项能力。

第五项测试是为了检查是否存在该技能的平替。事实上，如果竞争对手能通过替代该能力获得等同的优势，那么该能力的战略价值就大打折扣了。

将五项测试结果汇在一起，我们就可以将能力定位在一个连续体上，从低战略价值（不太相关、易于模仿、普遍存在、容易转移和可被替代的能力）到高战略价值（相关、稀缺、难以模仿、不可转移和无法替代的能力）。一般来说，竞争优势的基础来自能力的不完全流动性。能力的流动性之所以变得困难，是因为它们具有隐秘性和非正式性的特征，且具有复杂性与特定性。"穿靴子的猫"具有相关、稀缺、难以模仿、不可转移且无法替代的能力，这使得它具有强大的战略价值。然而，据说它的主人在迎娶公主之后，他对自己的内务进行了重新组织（包括重新设计、职能分析、精益流程、全面质量管理等），还把猫解雇了。另有人说，主人为猫建造了一间房屋，猫也结婚了，还生了两只小猫。在这个版本里，猫会说话的能力退化了。为了让家人能够听懂它说的话，它被迫开始说"猫语"。由于不再使用人类的语言，它便失去了这项能力，最终抑郁自杀。

05
第五章

《皇帝的新装》与企业管理

"很久很久以前，在一个遥远的国度，有一位皇帝，他特别注重自己的着装，把所有时间和金钱都花在穿衣打扮上，而对臣民和士兵们却不闻不问。人们好不容易等到他来城镇和树林巡逻，他却只是为了炫耀自己的新衣服。"正如故事中的皇帝一样，许多高层管理者更在意如何最大化他们个人的利益，而不是企业的利益。他们更在乎自己"穿得好看"，而不去为组织深谋远虑，也不乐意听到任何批评的声音。

组织治理与组织管理不同，它研究的是顶层管理者在策略选择上的治理能力。简单来说，我们可以认为，组织的治理能力关注的是顶层管理者在做什么。这通常在资产负债表和利润表中得以体现。它们可以向我们证实，高层执行者是否在追求与组织定义的使命相一致的策略。因此，组织的治理能力涵盖了所有旨在监督和引导顶层管理者行为的任务和活动。

在更为常见的定义中，这项能力研究的是董事会所面临的问题。从这个角度看，组织治理能力关注的是董事的任务，因此我们应该多关注他们的行动和责任。许多人认为，这个定义过于狭窄，实际上许多其他力量也在影响着高层管理者的活动。更宽泛地说，董事会只是治理系统的一部分。例如，地方和国家部门的监管、来自社会团体的压力，都可能会限制管理者的自由。无论采用狭义的还是广义的定义，我们都可以区分出组织治理能力中的三项重要职能：

形塑职能。组织治理的第一项职能关乎组织使命的构建。组织治理的任务是塑造、阐明并传达对组织活动有引导作用的基本原则。确定组织的目标，在合法利益相关者之间设定优先级，是形塑职能的部分功能。

绩效职能。企业治理的第二项职能是推进战略进程，以提升组织未来的绩效。组织治理的任务包括评估高层管理者提出的战略计划和 / 或积极参与这些计划的推进。

监管职能。企业治理的第三项职能是确保组织符合既定的使命和战略。治理的主要任务是监督组织，检查其是否按照计划开展活动以及绩效是否令人满意。一旦出现问题，组织治理就要担起改革的责任。

组织治理形式

关于董事会的组织方式及其活动管理，存在相当大的分歧。如今，每个国家都有自己的组织管理体系，国家间的差异巨大。即使在某些国家内部，我们也可能会发现其中存在很大的差异。在设定组织管理制度时，董事会的以下三个特点尤为重要：

一、董事会的结构。在国际层面上，不同国家对组织结构的要求差异很大，有采用双层制的国家（如德国、荷兰和芬兰），也有采用单层制的国家（如美国、英国和日本），还有制度任选的国家（如法国、葡萄牙和瑞士）。在双层制结构中，权力被正式划分，设有由高层管理人员构成的管理委员会和独立的监事会。在单层制（或一元制）结构中，董事

赢在沉淀：
管理的智慧

会由执行成员与非执行成员组成。

二、董事会的构成。不同组织和国家的董事会人员构成差异很大。一些差异是因各国的现行法律不同而产生的。例如，在德国，法律规定监事会中必须有一半的职工代表和一半的股东代表；而在法国，职工代表只能拥有观察员的身份。

三、董事会的职责。董事会的职责和权力在不同组织之间也有显著差异。在某些情况下，董事会不定期召开会议，要求他们对已拟定的提案进行投票。这些董事会几乎没有权力去反对首席执行官的意愿。在另一些组织中，董事会定期召开会议，在组织治理中扮演更积极的角色，在拟定提案、积极行事、选拔新一批高层管理者，以及确定目标和激励措施等方面发挥作用。

对于股东价值观的提倡者来说，企业显然应该属于股东，因此所做之事要符合他们的利益。组织是为投资人创造经济价值的工具，同时还要承担一定的风险。无论是否是上市公司，这都应该成为企业的航标。

股东价值观的支持者认为，目前企业面临的最大挑战之一是：如何确保高层管理者始终追求股东利益。在所有权和管理控制权分离的情况下，往往很难说服管理者注重股东的利益而不是自己的利益。这个问题被称为委托代理问题（Jensen & Meckling，1976）——管理者是代理人，本应为委托人（即股东）争取利益，但也会因诱惑而追求自己的利益，甚至不惜以损害委托人利益为代价。这便引发了英美之间关于组织治理最佳形式的广泛争论。

利益相关者（在组织管理中存在利益的群体）价值观的倡导者不理解为什么一个经济价值创造过程中，某个原料供应商会拥有比其他输入的供应商或提供方更大的道德权利来提出要求。他们质疑这样一个前提：持股的个体有权要求整个组织为其效劳。在利益相关者的价值观中，企业不应被视为股东的工具，而应被看作资源供应方之间为增加共同财富而组成的联盟，应被视为资本、贷款、劳动力、管理、专业技术知识、业务部门和服务等提供者共同参与的一种合作伙伴关系，目的是实现经济上的成功。因为所有团体在这样的关系中都有利益且相互依存，所以组织是为所有相关方的利益服务。

这样一来，我们就对企业有了更广泛的理解，即包括其利益相关者。企业的边界不应仅限于本身，还应包括资源提供者和客户。企业应与资源提供者建立长期关系，并鼓励员工在企业和提供者之间流动。这样，个人信任的网络就被建立起来了，这对企业非常重要。委托代理理论认为，代理人（管理者）受委托人（股东）雇佣，来维护股东的利益，但由于信息不对称，管理者将自己的利益置于雇用者的利益之上。

二十世纪九十年代，贪婪之风盛行。管理者在追求自身利益时感到无所畏惧，很多人甚至把企业发展置于自身得利的前提之上。他们希望让大家认可和仰慕企业的规模，而不是其管理效率。他们的所作所为不仅得到了专业媒体的赞扬，还受到了大众媒体的推崇。有个典型的例子是让·马里·梅西耶（Jean Marie Messier）先生，他是法国威旺迪斯（Vivendis）公司的首席执行官。威旺迪斯原本是一家专做自来水和废水处理的公司，却突然转向了媒体行业，并将其总部迁至纽约。据当时媒体报道，梅西耶意图引领世界。为实现这一目标，他需要扎根在有权力的地方，也就是美国。在那儿，他拼命拓展业务，导致企业到了濒临破产的地步。

新自由主义在当时风靡一时，没有人会质疑它。敢于挑战的人，不仅会被认为是愚蠢的，还会被认为是违背国家利益的，就像《皇帝的新装》中所发生的那样（"衣服的颜色和花纹与众不同，十分漂亮，是由一种看不见的特殊布料制成的，所有无法理解的人都被认为是愚蠢的"）。

据故事所述，国王的大臣在质疑自己时说："苍天啊！这么说，我是个愚蠢的人吗？"（当他去看那两个骗子制作衣服的情况时，却什么都没看见。）接着他又自言自语道：

"我从来不认为我是愚蠢的，我觉得也没有人认为我是！难道我不配拥有现在的地位吗？不，我绝对不会说我看不见那些衣服！"正如国王的大臣对事态的发展感到疑惑，并感到有些事情出了问题一样，很多员工也会质疑最终破产的企业曾经的做法。但如果他们的大多数同事都认为这些做法堪称典范，甚至一些专业媒体都将其奉为世界上大多数学校的管理研究案例……那他们又凭什么去质疑呢？

为了避免管理者轻而易举地像那些江湖骗子一样收获遍地的黄金（故事所述时期的钱财），企业需要营造一种建设性批评的氛围，让有争议的声音被听见、受重视。企业需要有像小男孩一样毫不妥协的声音。当国王的仪仗队从首都的大街走过时，小男孩敢于说："但他确实什么都没穿呀！"这样的声音，让人群里一片哗然，很快就在观看游行的人群中传开了。

企业需要在其董事会中有质疑的声音，也需要一家批评性的、精通所述事项并对其发表意见的专业媒体。

《皇帝的新装》引发了我们关于组织中存在"告密者"的讨论。纵观葡萄牙的近代史，大多数人对"告密者"的存在持有负面看法，因为他们会将所听到的事告诉领导。组织需要有批判意识的人。他们应直言不讳，敢于表达自己的想法，并借助常规渠道将他们的意见传达给他们认为需要知道的人。如果渠道不通，他们就应该使用其他方式传达，不应惧怕被称为"告密者"。因为很多时候，组织的未来正在受到威胁。管理者有责任去建立渠道，让人们对组织内发生的事情表达感受。很多时候，管理者寻求改进其组织活动的建议，却忘了对这些建议进行处理。那些提出建议的人期待得到回应，否则就会感到沮丧、失去动力。

如果我们留心所有这些用来形容把发生的事说出去的人的词汇，比如"告密者""内鬼""告状的人""打小报告的人"，它们都含有贬义。也许我们会认为所面临的是一个文化问题，或者说，我们所处的社会是一个不会告发任何人的社会。但事实并非如此，实际上是因为我们生活在一个满是恶意的告密者的环境中。

管理者有责任创造一种鼓励建设性批评的组织文化，让人们不畏惧地说出自己的想法。

无论是在发达国家还是发展中国家，企业治理都是一个持续的挑战。在欧洲、拉丁美洲和亚洲，企业往往掌握在零星几个富豪家族手中。他们面临的一大挑战，便是找到有能力的继承人。国有企业也存在类似的问题，就是找到有能力且忠于政府的管理者。无论是俄罗斯还是一些东欧国家，似乎正在飞速演变成拉丁美洲的寡头政治体制。"无能继承人"成了组织治理的最大问题，在这些企业中，通常把权力交给有血缘关系的人或忠诚的人，而并不考虑继承人的实际能力。我们不禁要说：所有庇护葡萄牙的圣人们啊，请保佑我们远离"无能继承人"，尤其是"那些自以为是的成功企业家的'无能继承人'"。

第六章

番茄与组织的社会责任

我的朋友利博里奥有很多关心的问题，其中一个便是社会责任。他非常怀疑那些对环境、员工和社会突然很友好的组织，总是不厌其烦地问我："组织难道不会把社会责任当成一种宣传工具吗？""也许会吧。"这是我的回答。然后我又补充道："如果是这样的话，那可能会是一条不归路。因为人们的消息越来越灵通，消费者的来往也越来越频繁，履行社会责任的企业将会获取更大的利润。"从他的表情就能看出，显然他并没有被我说服。有一天，我想起他小时候有个绰号，叫"番茄利博里奥"，因为他对番茄的喜爱达到了令人难以置信的程度。在番茄上市的季节里，他几乎每顿，甚至可以说顿顿都要吃番茄。接下来我就此话题展开说说。

　　一位巴西老友，是我十分信任的生物学专家。他说，番茄具有很高的营养价值，因此是人们研究最多的一种蔬菜（值得一提的是，这位朋友曾经也是研究番茄的，如今致力于研究柑橘）。据其探究，研究番茄的文章多达数千篇。

　　每逢周六，当我前往里贝拉广场，看到陈列着形状、颜

赢在沉淀：
管理的智慧

色各异的番茄时，我总会不禁想起与这位老友在德国马尔堡散步时的谈话。

几十年前，番茄总是在运输过程中受损严重。许多研究人员便开始研究在运输途中如何防止其变质。他们改良了番茄以及其包装箱的形状，以获取最大利润，而让利润最大化的一个方法就是将成本最小化。啊，成本啊！

长期以来，成本一直是管理者争夺的主战场。如果我们还记得波士顿咨询集团的著名矩阵，那么想想其中给出的建议，就很容易得出结论：降低成本是管理者最感兴趣的活动。波士顿矩阵（BCG）提出了两个维度（市场增长率和相对市场份额），并由此产生了四种产品类型（问号类产品、明星类产品、现金牛类产品和瘦狗类产品）。从战略角度来看，理想情况下，一家企业有一些问号类产品，可以从中选择一个或多个，并把来自现金牛类产品的资金投入到所选产品上，使其变为明星类产品。一旦该产品成为明星类产品，企业就应该维护其地位，增大其市场份额。为此，企业需要在成本这个变量上采取行动。这一切看起来似乎很简单，管理者们也被这样美好的前景所吸引。相应地，竞争者为了进入市场，就会不断创新，出现新的经验曲线，或是让经验曲线更快地下降。对成本的冲击往往是以经验曲线为基础的，这是一个经验性的论断，即每当累计生产量翻倍时，单位总成本就会降低一定的百分比。例如，如果某个行业的经验曲线是85%，意味着每当累计生产量翻倍时，单位总成本就会降低15%。

这一切看似简单，但管理者往往执着于为了生产而生产，忽略了创新的重要性。与此同时，新的竞争对手不断涌现，维护现有市场地位变得越来越难，管理者不得不投身于创新之中。

这种持续追求成本降低的做法，使得我们现如今消费的产品，与多年前的产品相比，仅在名称上还留有相似之处。

以番茄为例，大量的基因改造不仅改变了番茄的形状和表皮的硬度，而且味道也早已不同。如今的番茄，除了名字

赢在沉淀：
管理的智慧

和大小，已经失去了其原本的特性！中国已经开始大批量生产小番茄，这些番茄很快就会风靡全球。

"你又在提中国了！你还没回答我的问题呢！"我的朋友利博里奥强调说。我已经习惯他这样，因此没有太在意，继续阐述我的观点。无论是发达国家，还是发展中国家（如中国），主旋律都是要担起社会责任。我们要想理解这种突然兴起的利益关系，就必须了解所谓的利益相关者模型。1984 年，爱德华·弗里曼（Edward Freeman）出版了《战略管理：利益相关者方法》（*Strategic Management: A Stakeholder Approach*）一书。这本书成为该模型未来发展的基础。弗里曼将利益相关者定义为"任何可能影响企业活动或受企业活动影响的群体或个人"，并列出了可能的利益相关者名单：员工、消费者、供应商、股东、银行、环保人士和政府。这份名单绝非一成不变，因为决定谁是利益相关者的，是组织及其运营环境。弗里曼想告诉我们的是，企业若要生存，就需要管理者既考虑股东的利益，也要考虑其他利益相关者的利益。从长远来看，企业的生存取决于管理者能否洞察哪些群体与企业活动有利益关系，以及哪些群体会影响企业的活动或受到企业活动的影响。

社会责任的倡导者认为这个领域包括企业倒闭、劳动关系、人权、商业道德、与社区及环境的关系等。为了实现良好管理，组织必须满足其股东和大多数成员（利益相关者）的利益。根据欧洲卓越模型，要想达到良好管理的标准，组织必须满足股东、员工和客户的需求，重视其对环境的影响，呼吁与供应商建立合作关系。管理层面临的问题，正是在决策过程中要考虑到这些利益相关者的利益。在不少学者看来，尽管在股东、客户和员工方面存在代表他们利益的机构，但环境却是沉默的。对许多人来说，环境并非如此。它在以一种激烈的方式表达自己。我们所见证的气候变化，就是一个强有力的证据。

"从弗里德曼到弗里曼"这一表达，常常被用来描述有关商业在社会中角色的讨论中所发生的变化，指的是对"股

赢在沉淀：
管理的智慧

东模型"或"以利润为中心模型"组织治理的挑战。这一模型的运作前提是,企业仅对其股东负责,且应当仅满足他们的目标。而"利益相关者模型"或"社会责任模型"的支持者则主张,企业应对所有(个人或团体)与其活动有利益关系的人负责。

在番茄产业中,外观和硬度被抬升到绝对质量标准,以实现利润最大化。这种情况在许多其他行业中也同样存在。对利润无节制的追求,压倒了所有的道德考量,而那些本应依法为公共利益服务的企业(合法性体现在经营许可中),最终却违背了这一目标。

如何解决这一问题呢?据许多学者所说,人们的动力是去捍卫自己的利益。但问题在于,无节制地追求个人利益,可能会导致地球自身毁灭,从而危及人类的生存。正在被摧毁的是未来,且我们不应忘记,管理就是预测。如果没有了预测的对象,那么管理者的职能也就不复存在了。媒体不厌其烦地宣扬个人主义模式,主张人们应当为自己的利益而战，而不管会给他人带来什么样的后果。不久前，电视上播出了一档名为《最弱一环》的比赛节目。规则很简单，但却反映了我们以及其他社会中普遍存在的"小聪明"哲学。主持人使出浑身解数让参赛者们出洋相，并向他们提问。若回答正确，他们就会有一定的奖金积累，这些奖金最终归胜出者所有。每轮游戏过后，主持人都会邀请参赛者选出一人进行淘汰。在最初的几轮中，他们通常不会把票投给回答问题较好的参赛者（因为他们希望这些表现好的参赛者能在接下来的比赛中继续发挥作用，从而增加最终可能获得的奖金总额）。但是，随着比赛接近尾声，尤其是当比赛中仅剩三名参赛者时，较弱者就会联合起来试图淘汰最强者。这个游戏并不是在奖励最有能力的人，归根结底是在向我们传达一个信息："为了获得胜利，一切手段都是好的。"就像番茄生产商为了获利不择手段一样，《最弱一环》的参赛者也没有根据回答问题能力的高低来决定淘汰谁。在许多国家，我都看过这样的比赛。博眼球的是主持人，她不仅穿得像个纳粹分子，还以极其恶劣的方式对待参赛者，就好像这是他们"应得的"一样。

"你又跑题了！从番茄谈到纳粹，中间还提到电视节目。"我的朋友利博里奥打断了我。事实上，如果没弄明白各部分之间存在的联系以及整体的情况，我们就无法了解它们。没有整体，各部分无法存在。想要理解企业为什么突然关注社会责任，我们得多观察我们所生活的世界。这是一个充满不确定性的世界，而管理者往往在处理不确定性时面临很大的困难，他们和其他人一样，喜欢秩序井然。我们需要地图来指引我们的行动。当在路途中迷失方向时，我们会查看该地区的地图，来找到通向目的地的路。试想一下，如果我们绘制一个国家或地区的地图时，把北方和南方弄混了，那将会多混乱啊！同样的情况也会发生在企业与其各方利益相关者之间。我们得找到一种秩序，来维持各方利益者之间，以及他们与企业之间的关系。有时，他们会利用这种无序状态来获取短期利益。但他们知道其他人也会利用这种无序状态，从而有一种无力感。他们需要某个机构来保障秩序，并用所有可支配的机制，来强化现有的机构或者建立新的机构。

科菲·安南在担任联合国秘书长期间推动的"全球影响力计划"，得到了世界各地数百家大型企业的支持。这正是我们前面所述的一个明显例证。面对部分由全球化引起的无序状态，大型企业加入了一个能为国与国之间的关系带来某种秩序，并旨在保护弱势群体的项目。全球化摧毁了国家机构，尤其是那些保护工人权益的机构。在工业革命期间，工人们被迫工作十二个小时甚至更长时间。其实也不用追溯到那么早，在二十世纪五十年代的阿尔加维，马鲛鱼渔船上的渔民（捕捞沙丁鱼）一周工作七天，只有在休渔期（一月和二月）才得以休息，其间没有任何补贴。是工会和工人们的斗争（别忘了争取"三·八工作制"——八小时工作、八小时社交和八小时休息的斗争）推动了八小时工作制的建立。如今，许多工人成了（消费社会强加的）"房奴""车奴"，每天工作时间远远超过八小时。为了弥补与家人相处时间的不足，他们开始给孩子们买礼物。在公民运动的压力下，各国规范了工作时间。未来，不仅仅是国家，也将会有其他类型的机构来安排工作时间。

　　企业得到回报，是因为它们为参与其业务活动的各方利益相关者创造了价值，而并非因为控制成本。

第七章

进来，点餐，付款，走人

前些年，在我们国家随处可见的小酒馆里，店里的醒目位置经常挂着一些陶瓷牌子。上面写着的四行字，也就是本章的标题。"这四行字和管理有什么关系呢？"我的朋友利博里奥问道。我回答他："看似无关，实则有关。"

这四行字的意思和当时酒馆的氛围没什么关系，因为客人们或是朋友们通常在这里一待就是几个小时，在吧台旁一边喝葡萄酒，一边吃下酒菜（比如飞鱼干），畅谈甚欢。或许正是因为人们待得时间长、消费少，所以酒馆老板一直挂着这个牌子。大多数顾客觉得它很有趣，把它当成一个玩笑来看。据一位朋友说，这块牌子是为了打发陌生人的，因为在他看来，酒馆是朋友们相聚的地方，不欢迎外来者。那时，金钱还没有主宰我们的关系。

"你又跑题了，"我的朋友利博里奥悄声说道，"你就解释陶瓷牌子和管理之间的关系吧。""这就来解释。"我有点生气地回答。

牌子上的四行字认为客人是个问题，他们在酒馆里待的时间越短，发生冲突的可能性就越小，因为他们还没来得及热热喉咙，这就是我想说的面巾纸策略（用后即弃）。许多企业都采用了这一策略，不少管理学院也将其视为成功案例。但这实际上造成了很多资源的浪费。最典型的例子就是比克公司。据很多专家学者所述，它彻底改变了书写的方式。在比克公司推出圆珠笔之前，书写总会有一定的仪式感：钢笔需要洗净后重新灌墨。当比克公司的圆珠笔出现时，一切都变了。公司的口号也变成了"用完即弃"。这一理念也延伸到了其他产品上，比如打火机和剃须刀。所有一切都变得可以丢弃，包括人。我们逐渐进入了鲍曼所说的"液态社会"中。"你又跑题了。"利博里奥再次低声说道。

其实，我并没有跑题，我只是在陈述我们社会中正在发生的事情。只要留心看看电视上各个频道播放的广告，我们就能明白。许多企业为了吸引新客户，花费数千欧元大肆宣传，但却从不花精力来留住已有客户。客户一旦被吸引过来，就会成为万千数字之一。企业不断推销新的套餐（广告商喜欢用"套餐"这个词）来吸引新客户，而对已有客户不管不顾。既然新的套餐能给新客户一些特殊优惠，那为什么不把范围扩大至老客户呢？当客户离开时，企业在感到惊讶之余，会立即缠着他们。他们一遍又一遍、反反复复地打电话，在不合适的时间打扰他们，询问他们离开的原因，并奉上比之前更加优惠的新套餐，称之为"市场上无与伦比的"——直到又说出一个新的套餐。问题是：既然已经有了这些方案，为什么不在客户离开企业之前就告诉他们呢？答案很简单：一旦客户被吸引过来了，大多数企业就对他们置之不理了。他们虽然没有像酒馆那样挂着牌子，但态度其实是一样的。正如我们的一位老朋友所说："硬件变了，但软件还是那个软件。"

赢
在
沉
淀
：

管
理
的
智
慧

08
第八章

为什么我们会问渔民捕了多少鱼，却不去问餐馆老板挣了多少钱呢？

这也许就是最困扰我的朋友利博里奥的问题吧。"为什么一个与捕鱼一点儿关系都没有的人走到船边时，通常甚至在说'早上好'之前就会问，'老板，今天捕了多少鱼？'，而他们到前面不远处的餐馆吃饭时，为什么不问老板今天赚了多少呢？"

坦白来说，尽管我不止一次地见到过这种情况，但还是感到惊讶。从那天起，这个问题就一直萦绕在我的脑海里。

几天后，我找到利博里奥，想与他讨论一下可能的答案。人们一般会觉得，海洋是公共财产，即属于所有人，因此应该要受到严格的监督。在许多人眼里，开发海洋资源应遵守非常明确的规则。利博里奥沉思了一会儿，突然说道："但是，土地也曾经是公共财产呀，现在不也已经没有人在意它的开发了吗？"随着时间的推移，人们逐渐将土地私有化。也许，土地会失去经济价值，但它不会移动，一直在那个位置。而渔民捕捞的鱼，却是在海里游动的。今天沙丁鱼在佩拉湾，下周可能出现在萨格雷斯海角。长期以来，渔民

赢在沉淀：
管理的智慧

们在他们想要捕捞的鱼群经过的路线上布好渔网，等待想捕捞的鱼上钩（这些铺设的渔网在海中像迷宫一样，鱼进入后就找不到出口）。然而，机动船的出现，意味着靠渔网捕鱼的时代落幕了。渔民们采取了积极捕捞的策略：他们直接向鱼撒网，不再等待它们自己入网。因为这些原因，占有一块海域似乎没有多大意义。此外，它还存在自由航行的问题，需要增加国与国之间的贸易往来。

"但是，你真的认为人们过问捕鱼量，是因为担心海洋渔业过度捕捞吗？"利博里奥马上问道。

也许是受到一种所有权意识的驱使。他们认为"这也是我的"，而那些人在这里捕捞，却一点都不留给"我的后代"。但也许他们的后代，根本没有人会去捕鱼吧。很多人还以为捕鱼很简单。人们只要撒个网，鱼就会自己跳进来。他们没有意识到，这是一门代代相传的经验知识。是什么原因让一位捕鱼大师在离开海港（例如波尔蒂芒）后，去萨格雷斯找鱼，而不是去佩拉湾？这一决定基于大量难以言传的隐性知识，常常在不再从事捕鱼活动后就会消失。遗憾的是，研究海洋事务的学者，没有与这些捕鱼大师们交流，否则他们肯定有很多话要说。

"那我们呼吸的空气也属于公共财产，为什么没人在意这些，而让渔民不得安宁？"我的朋友利博里奥反驳道。我得承认，利博里奥这次的态度确实并不友好。我决定同他辩论，问他是否知道"出虚恭"道德理论。"那是什么理论？你是想绕弯子吗？"事实上，的确有这样一种理论。据其言，我们的虚恭并不难闻，只有别人的才让人想捂住鼻子。但是，这一理论可以应用到我们呼吸的空气和海洋过度开发的问题上。大多好奇捕鱼量的人从来没有做过渔民，也不打算成为渔民，因此过度开发海洋的另有其人。另外，大多数人拥有私家车，开车时排放的尾气污染着我们呼吸的空气。但因为他们认为自己有错，所以就对这个问题闭口不提，而乐于谈论由别人引起的问题。"出虚恭"道德理论能帮助我们理解这种态度：如果是我做的，它就不难闻（没有对公共财产造成任何损害），但若是别人做的，那就不好闻（对属于所有人的财产造成了巨大的损害）。

面对这种哲学，公共权力机关必须采取行动，保护属于大家的东西。国家的职责就是制定政策、开展行动，以保障公民的安全、健康和教育等。

"这是另一种道德观，况且有些过时了。国家越来越以企业的方式行事，而对企业来说，利润才是最重要的。"利博里奥回应道。国家以企业的方式行事，并不意味着忽视其职能。随着资源日益稀缺，国家采取能够高效率、高效益行事的方式，这是正常的，但国家不能忘记初心和使命（即国家的存在是为了什么）。公共管理并不是糟糕的，国家也不应放弃其职能。很多主张削减国家职能的人，实际上靠着国家才得以存活。当危机来临时，他们就会向国家求助。以次贷危机为例，卷入这场危机的人一定是那些最瞧不上国家在经济中作用的人。他们在沉迷于自己都不擅长的复杂数学游戏并导致成千上万的人失业之后，却又转而求助于国家。

"次贷危机在我看来，和唐纳·布兰卡案十分相似。可怜的唐纳·布兰卡被捕了。但在次贷危机中，我只看到两个美国人被捕。"我听得一头雾水。的确，虽然唐纳·布兰卡并不是金融天才，也不是数学神童，但她通过向那些没有正规融资渠道的人借款引起了一些混乱。这些人又向同样无法通过正常渠道获得融资的人借款，引发了全球范围的混乱。这些贷款是由信誉良好的机构担保的。而可怜的唐纳·布兰卡，既不是机构，也不具备信誉。啊，机构啊！信誉啊！

09

第九章

市场

"你去过市场吗？所有媒体都在谈论市场。但老实说，我从来没见过任何一个，你呢？"我的朋友利博里奥问道。我回答他说："我去过老广场的那个，还有海滩上的鱼市。"利博里奥狡黠地回答说："这几个市场我也去过。"他随后反驳道："但是这些和媒体所提到的市场应该不是同一种类型。他们提及市场时带着一种令人害怕的语气，而你说的那些市场不仅不会让人感到恐惧，反而是人们开展社交和交换信息的地方。"

　　没有恐惧是因为所有参与者有着对等的信息，不存在信息不对称，一切都是透明的。买鱼的人能分辨出鱼是否新鲜，买水果的人能看出苹果是好是坏，更不用说区分苹果和梨、竹荚鱼和沙丁鱼了。

　　另外，没有任何参与者会强大到把他们的意愿强加给别人，他们都是很小的个体。我们仔细想想，在二十世纪七十年代末，出现了一拨买鱼的商人，他们逐渐壮大并以某种方式开始制定自己的规则，但因为他们是本地人，所以并没有

赢在沉淀：
管理的智慧

肆意妄为。

你说得非常对，媒体所谈论的市场与此是截然不同的。很多参与者都有权有势，还有许多隐藏在幕后（比如，"神秘基金会"是 x 公司的所有者，那么谁是神秘人呢？），信息的分配也是不对称的。市场就像是被宠坏的少女，任性多变，抱怨没有得到应有的尊重，并伺机报复。若是石油开采区附近发生了飓风，市场就会立即通过抬高油价进行报复，碰面时会说："当飓风将要造成不确定性时，我们需要的是稳定。"是的，市场也会聚在一起兴风作浪。谁该为这个破坏稳定的飓风负责？不，错的是你们这些不相信市场之神和其预见性的人。市场的所有愿望（只有它们的预见者知道）都必须满足。市场的信徒，相信市场就像相信圣诞老人一样虔诚。经常发生这样的事情：市场的预见者也无法解读其信号，混乱就会随之而至。市场由于不被理解，便会反应激烈，毁掉了成千上万个工作岗位。对于那些非信徒而言，市场已经疯了，必须接受治疗，得住院治疗。对于信徒而言，这只不过是市场又一次的小任性，错在我们没有顺应其心意。

为了更好地理解正在发生的事情，我想引用经济学上一个较早的定义：经济学研究的是如何将稀缺资源分配到具有不同重要性的目标上。这个问题的核心，便是资源分配。如今我们越来越强烈地意识到，这些资源不仅是稀缺的，而且是有限的。我们需要以最高效和最有效的方式去分配它们。设想在一个连续统一体里，一端是国家，另一端是市场，那么对于有些资源（越来越少的资源）来说，国家以更有效和更高效的方式分配它们，而对另一些资源（数量正在减少）来说，市场才能更有效和更高效地进行分配。

几个世纪以来，一直存在一种钟摆现象，时而倾向市场，时而倾向国家。如今，大多数国家发现自己处于连续统一体的中间，国家和市场在资源分配上存在合作关系。美国的情况就是理解钟摆概念的一个好案例。乔治·布什上台后，继承了公共账户的盈余。作为市场的虔诚信徒，他将部分税收返还给了美国公民。对他来说，市场比国家更懂得如何分配这一资源。然而，在他总统任期即将结束时，由于次贷危机，他最终不得不对银行进行国有化。这在某种意义上暗示着，对他而言，国家比市场更懂得如何更好地分配资源。"我亲爱的利博里奥，重要的是要意识到钟摆是在向哪一边倾斜。"

10

第十章

我缴税了

一个春意盎然的早晨，我的朋友利博里奥一到尼古拉咖啡馆就说："自从回到葡萄牙以后，'我缴税了'这句话听得我耳朵都要起茧子了。真就交了吗？"我承认这句话也让我感到不舒服。如果他们缴了税，为什么要昭告天下呢？纳税本就是我们作为公民的一项义务。作为公民，我们既享有权利也应承担义务，二者是相辅相成的。纳税是义务，要求税款的使用公开透明则是权利。

逃税是大多数欧洲社会的内生现象。当提及此事时，北欧国家的公民辩称道，他们的国家已经具备了确保其良好运转所需的大部分基础设施，没有理由让他们再缴纳更多的税款。而南欧国家的公民（葡萄牙除外，因为倘若相信很多人不断重复的这句话，那么这里的所有人都交了税）则拒绝交税，理由是他们认为国家提供的服务水平太低，以至于他们宁愿自己来选择如何使用这些钱。

例如，他们要求国家提供教育优惠政策。有了这些政策，他们就可以选择自己心目中能为子女提供更优质服务的公立或私立学校。他们还要求在生病时有权选择就诊的医院。利博里奥说："他们已经提出这么多要求了，很快就会要求废除国家。"国家的终结并不符合他们的利益，因为大多数提出这些要求的人，都生活在国家的庇护下，这样做对他们来说是不利的。他们主张削弱国家权力，尽管表面上看似隐晦，但这实际上等同于要求国家的终结。

随着欧盟和其他经济集团的建立，我们所熟知的国家机构的重要性正在逐渐衰减。许多过去在宫殿广场处理的事务，如今都在布鲁塞尔进行讨论和决策。各地区的影响力也在增强。这并不意味着国家的概念（统一结构）注定要消失，事实恰恰相反。全球化带来了一些秩序失衡和不确定性，而这正是企业不愿意面对的。我们看到，联合国和商业协会正计划携手开展旨在帮扶最贫穷国家的项目，这些项目主要集中在卫生领域。几年前，企业与联合国等组织之间的关系还是对立的。企业不断宣称自己为何而存在——利润，而联合国的存在则是为了推动世界的和谐发展。但最近，我们看到了双方的立场在不断接近。这或许是因为世界面临的问题只能通过共同努力来解决，又或者是因为在这个复杂和不确定的世界中，大企业眼中的联合国，是能够制止某些过度行为的监管机构（全球影响力计划）。

总之，我们所熟知的国家机构，有着被范围更大、涵盖面更广的机构所取代的趋势。这种机构将规范各个经济集团之间的关系。

一个可能威胁世界和谐的因素是经济集团的僵化。尽管欧盟和其他现行的经济一体化组织（如北美自由贸易协定、东南亚国家联盟、南方共同市场）并非为了维护其竞争对手的利益而成立，但是这些集团必须搭建起相知的桥梁才行。

回到削弱国家权力的这个问题。在我看来，这个问题本身包含一个悖论。因为那些主张削弱国家权力的人，实际上是在倡导国家的终结。他们主张将迄今为止由国家承担的很多活动转交给私企来办，企图证明国家无用，暗示其应当终结。按照他们所说，一切都得像管理企业一样运转，这样的说法对他们来说似乎才有意义。试想一下，如果我们的财政部像安然公司那样运作——这家公司在崩盘之前曾出现在很多文章中作为研究案例，也被许多国际知名商学院研究过，那么我们将会处于何种境地。

这几年，国家的注意力转移到了其他活动上，忽视了它本该做的、也只能由它做的事情。社会感受到有所空缺。为了填补这一空缺，它必须积极行动起来。如果我们把民间社会看成独立于国家和市场之外的组织和行动区域，公民可以在这个区域内以个人或集体的形式组织起来，去追求对他们来说重要的社会价值和共同的目的或目标，那么我们就完全有行动的空间来改善生活质量。以绿地中独栋楼房的业委会为例，长期以来，绿地不过是空有其名，周围草木蔓生，楼里居民的狗在本是草地的区域随地大小便。在业主会议上，讨论的问题基本上都与公共区域的使用有关。当一位业主提议，居民们应该组织起来，分组管理他们周围的区域，这样才能让生活环境变得更好。"那是市政府的工作！我交税就是为了这个！"其中一位业主大声说道。但实际上，他也并不是最激动的那位。

距离那次会议已经过去五年了。直至今日，周边的区域依旧无人问津……大家都在等待市政府来处理。

第十一章

苏格拉底与管理学

利博里奥刚进家门，我就说道："我亲爱的朋友利博里奥，今天我们来谈谈苏格拉底和管理学。"这是我们的又一堂课。他有些惊讶地望着我，但什么也没说。苏格拉底（公元前 469 年—公元前 399 年）是一位生活在雅典的希腊哲学家，也是古希腊古典时期的哲学家之一。他通过他的弟子柏拉图和色诺芬，给我们留下了苏格拉底反诘法。最重要的是，他传授给我们的是一种看待科学的态度，浓缩成他的一句名言就是："我只知道我一无所知，甚至我连这个也不确定。"这种谦虚和不断学习的态度，对参与质量系统实施过程的管理者来说非常重要。

质量管理旨在消除浪费，从而降低组织的运营成本。若想减少浪费，就要对参与生产商品或服务的流程进行分析。谁能比参与其中的当事人更了解这些流程呢？若想优化流程，就需要组建小组，展开一番开放透彻的讨论。管理者应当推动这些小组的建立，并参与其中。若能用苏格拉底式方法进行，组织将会取得更好的结果。在小组讨论中，管理者要扮演好老师和学生的角色——他们要传授和分享自己的知识，但也要向员工虚心学习。因为管理者并非无所不知，也无法做到无所不知，他们尤其要懂得如何提问。因为通过提问，我们可以找到所面临问题的原因。质量管理，就是问题管理。要想解决问题，就必须明白问题的原因。而通过质疑，我们就能找到这些原因。这并不是说要无的放矢地提问，而是需要训练，运用好苏格拉底式方法。有一点可以肯定：这种方法与 PowerPoint 或 Excel 表格并不相容。

第十二章

组织要想取得成功，所有人都必须"劲儿往一处使"吗？

我问利博里奥："你听过这句话吗？"他回答说："报纸上这样的话我看得多了，但我很是怀疑。当风暴来临时，如果所有人都朝着一个方向划船，那他们都活不了。"

"你对这句话真实性的质疑很有道理啊！"我回答道。随后，我开始详细阐述这个话题："你还记得出海的日子吗？""我怎么会忘记呢？我很喜欢你的朋友桥本三多一的俳句'海上的日子／搁浅在街道的船只／走投无路的女郎'。那段在海上的生活总是勾起我愉快和糟糕的回忆。"利博里奥打断了我说的话。

对我也是一样，回忆里的东西有美好的，有糟糕的，但生活还在继续。刚出海时，许多捕鱼者收获满满，要么去回收已经撒下的渔网，要么正在海上捕鱼。女人们有的靠着墙，有的在沙滩上，祈祷自己的丈夫和其他的男人平安归来，因为在危险的时刻，渔民们总会互帮互助。海上波涛汹涌，当船只想要靠岸时，渔民们不会都朝着一个方向划桨。他们一些人需要划桨，一些人则需要调整方向，目标是保持船身直立并驶向岸边。而具体哪些渔民需要划桨，哪些需要调整方向，则是由具体的情形决定的。在这种情况下，思维敏捷至关重要。漂流也是如此，只要加以分析，我们也能得出同样的结论。

要知道，组织如今所处的环境与海上的情况相似，若都朝着同一个方向划桨，就会坠下悬崖。

第十三章

"一个人可以走得快，但一群人
才能走得远。"——非洲谚语

我的朋友利博里奥总是不厌其烦地和我说："兄弟，所有人都在谈团队、团队合作，说着些类似'三个臭皮匠，顶个诸葛亮'的话。在学校里人们只会告诉我'要比别人成绩好，别的方面也要比别人强'这些个人至上的话。但现在，大家都在谈团体。"

　　正巧，我找到了这句非洲谚语。它强调了团队对于完成那些任重道远的事情的重要性。在一个不太热的下午，我和利博里奥在吉亚的村镇上就着一份小食，谈论着这句谚语。

　　亲爱的利博里奥，今天我想来谈谈团队的重要性。的确，经济学理论以个体、经济人为中心，把强调团体和社会的社会学弃置一边。正如你所知道的那样，或者就算你不知道，也会得出这样的结论：经济人概念的基本原则是"以最小的投入谋求最大的收益"：1）所有人类活动的基本心理原因都是个人利益；2）人只服从于理性；3）主体是普遍的，个人利益和理性在任何地方、任何时期都是有效的；4）人完全了解信息，知晓其所作所为产生的所有可能后果；5）人生活在线性时空里，他们不会想起、也没有能力去预测；6）人是独立于他人而单独存在的，也就是说，不存在于任何外在的决定因素。正如你所看到的，所有这些意识形态早在小学时就灌输到了我们的头脑中。但是，也正如你知道的和亲眼所见的，如果不是渔民在恶劣天气里互相帮助，很多人可能都没法从海上活着回来。

组织具有社会属性，必须具有长远的眼光，要为社会福祉作出贡献。

第十四章

我的猫罗密欧捉到一只老鼠：

是一个研究案例吗？

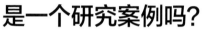

一听到我说的话，我的朋友利博里奥就嘟囔道："真是稀奇事，猫天生不就会捉老鼠吗！"

"你可别忘了'案例'这个词。如果是一个研究案例，那么它就是独特的、是值得分享的。你见过的，就像我祖母本温达所说的那样，我的猫罗密欧总是四处溜达，但是有一天它叼了一只老鼠回家。我训了它，但它似乎有话要说。你猜怎么着，它竟然真的开始说话了！"

"我做好准备了，你继续说，我很想听下去。"利博里奥回答道。"这个故事可有趣了。我那只在外四处晃荡的猫告诉我，它听到了老鼠之间的谈话。在一次它悄悄参加的会议上，一只年长的老鼠提醒其他老鼠注意，让大家要万分小心，因为罗密欧总是很警觉，也很擅长捉老鼠。听到这些话，一只年轻的老鼠说，它有一个主意，可以让大家察觉到罗密欧的存在（当然，他们不知道这只擅长捕捉老鼠的猫叫什么）。其他老鼠让它说说它的想法，它说：'等那只猫睡觉的时候，我们在他脖子上挂个铃铛。''好主意！'在场的一些老鼠高声喊道。年长的老鼠已经习惯了这些因缺乏手段而难以实施的想法，便质疑道：'那么谁去挂铃铛呢？'大家都沉默不语，但年长的老鼠接着说：'你是想出这个主意的人，那你就去实施这个计划。'可怜的小家伙顶着巨大的压力接受了这项任务。它就是我的猫罗密欧捉到的那只老鼠。一方面存在信息不对称，罗密欧知晓了这件事；另一方面，这只猫只有在家时才会睡觉。而那天，在一窝老鼠旁边，它是假装睡着的。"

15

第十五章

计划性报废

当时，我正舒舒服服地在家里待着，突然一阵急促的门铃声响起，肯定是我的朋友利博里奥。我心头一惊，赶忙从书桌前站起来去开门。他一进门，就用那只有阿尔加维人才能听懂的语速，不停地说着自己被骗了。

"谁骗了你？"我问了他好几次，但他还是不停地重复那句"我被骗了"。我拿了把椅子让他坐下，虽然还没到吃午饭的时间，但我还是给他倒了一杯白兰地，让他心情平复下来。他又嘟囔了几次自己被骗了以后，同我讲起了整件事情的来龙去脉。利博里奥买了一部手机，那天他看到这家公司在一个什么国家（他记不得名字了）被判赔偿，因为他们在要求用户定期更新软件时，加入了一些他无法解释的东西。这导致手机的运行速度变慢了。"你看见了吗？我的妻子总是告诉我，每当手机提示需要更新时，我们都应该同意，现在却出现了这样的事情。你不是能把这些日常问题解释得很清楚吗？那你给我解释解释吧。"他有点气愤地说道。

　　"我亲爱的朋友，这个问题其实很容易解释。"利博里奥立即打断了我："但你不许说我蠢。""冷静点，听我说。在我们交谈的过程中我已经告诉过你，消费主义是资本主义的一根支柱。为什么有关当局这么担心人口减少呢？因为没有人口，就没有消费者。那家企业的目的在于尽可能快地让他们的产品过时。你有没有注意到，很多人都受朋友的影响而换了手机？手机新款推出时总是会被大肆宣传，他们声称这款手机有更多的功能。而可怜的消费者，很多时候压根不会使用手机所具备的这些功能，就因模仿效应而选择了购买新款。从你同我说的情况来看，这家企业猜测新款机型的推出会带来模仿效应，因此在更新软件时引入了使手机变慢的程序。正如我们所讨论的那样，我们生活在一个'液态社会'中。一切都会从指缝中溜走，未来也会成为昨天。但同时我们又恐惧死亡，因为我们对于我们预感自己无法经历的未来还心存念想。

　　每个人嘴边挂着的、耳朵里充斥着的，都是'可持续发展'这个词，说的是资源稀缺。我们必须有效地利用现有资源，不能浪费，但我们都接受了企业人为报废产品的行为。我想起了两个故事，我认为这些故事可以很好地说明这种人为制造需求的现象。其中一个是我在一位瑞士作者那里读到的，名字我记不清了。的确，我应该去找找这位作者叫什么，但因为已经过去很久了，查找需要大量的时间。故事是这样的：有一位销售员（不要问我是销售什么的，因为作者没有提到），在绝大多数同事眼中被认为是最棒的。只有一个人不这么认为。有一天，这个不认可他的人告诉他：'你要是能把防毒面具卖给北极的驯鹿，我就认为你称得上是最优秀的销售员。'他接受了挑战，动身前往北极。到了那里，他问两只恰好路过的驯鹿是否想要购买防毒面具。显然，这一切都发生在动物会说话的时代。这两只驯鹿有点惊讶，虽然它们会多种语言，但被用德语问话时，还是不免感到有些意外。它们用德语（一种它们虽然熟悉，但因很少使用而变得有些生疏的语言）问销售员防毒面具有什么用。'用来隔离污染。'那位绝大多数人都称赞的销售员回答道。这真是太滑稽了，驯鹿们笑个不停。'防毒面具？在北极这个没有污染的地方用？'它们婉言谢绝了。但我们的销售员并没有放弃，他想证明自己就是最好的。没过多久，他就开始建造一家工厂。我们都知道德国组织的效率。几个月后，工厂就开始运转了，但污染从此就再没停过。

工厂运营几个月后，污染就变得非常严重，以至于一只驯鹿去找销售员，问他还有没有防毒面具卖。销售员回答有。'我想买两个，一个给我自己，另一个给我的朋友。'驯鹿说道。销售员把面具卖给了驯鹿，收了钱。驯鹿问：'对了，你在这里生产什么？'销售员回答说：'防毒面具。'自此之后，他便成了所有同事公认的最佳销售员。为了达到目的，这位销售员并不在乎自己究竟采用了什么样的方法。

上面说的这种情况，就像那家卖手机的企业一样，创造了需求。

另一个故事是我从多伦多飞往里斯本的时候发生的。飞机上的温度非常低，低到几乎所有乘客都想要一个毯子把自己裹起来。但航空公司并没有提供毯子，而是出售毯子（一些乘客购买了毯子，以满足公司创造的需求）。"

赢在沉淀：
管理的智慧

16

第十六章

你先走，我马上到。去哪儿？

年少的时候，我整日待在海边，倾听并尽我所能帮助我的族裔渔民（虽然帮助不多）。我经常听到那句"你先走，我马上到"。多年后，当我想找一些可能与组织管理相关的句子时，这句话又多次浮现在我的脑海里，我决定抓住它。它能帮我完成一个艰巨但有意义的任务：将管理学知识传授给我的朋友利博里奥。

时至今日，我仍记得那个阳光明媚的下午。在利博里奥家，我们喝着酒，吃着小海鱼时的谈话，聊的是"'你先走，我马上到'这句话对于管理教学整体视角的重要性"。这就是我的朋友利博里奥解读我们对话的方式。

我开始问他："你还记得在奇克·塞罗尔叔叔的酒馆里，我的伯伯奇克·意史巴廖尔和他用来与他的朋友利迪奥约定见面时说的那句'你先走，我马上到'这句话吗？""我不记得了，也不想回忆。我现在只想吃那些小海鱼。"利博里奥回答道。

他的这个回答让我有点生气，我回应道："你已经提到过很多次了，我们是要构建一个管理教育的整体视角的，你到底想不想继续聊下去？"

"对不起。我只是想逗逗你。我们继续。"利博里奥回答道。

达成一致后，我开始了我的阐述。

"如你所见，'你先走，我马上到'暗示着奇克·意史巴廖尔和利迪奥两个人都知道在哪里碰面。他们虽然没有明说这个地方在哪，但其实就是奇克·塞罗尔叔叔的酒馆。那是他们每天傍晚都会聚在一起小酌一杯的地方。如果这个目的地/目标没有事先经过双方的讨论而达成一致（参与式管理），利迪奥叔叔就可能会一直不断向前走，甚至走到阿尔坎塔里利亚，也见不到他的朋友。那样的话，见面喝酒的计划就泡汤了。也许那天，他就只能吃些飞鱼干。

亲爱的利博里奥，在组织中我们也面临着相同的情况。组织的目标应该与那些将尝试实现这些目标的人进行讨论，也就是说，参与式管理是组织成功的关键。但若想实现有效参与，组织就必须创造有利于员工参与的条件，并为他们提供培训和教育。如果每个人都对目标有所了解，也明白实现目标的困难，那么一个员工去佩拉、另一个去阿尔坎塔里利亚、还有一个去波尔谢什的风险就会减小。参与式管理的过程较为漫长，因为它需要多人参与，而这些人并不总是愿意参与其中。有人对日本管理方式提出批评，认为日本将管理层和员工参与决策过程置于首位，这导致他们在做决策上花费了大量时间。但是，如果我们意识到决策过程有两个阶段，一个是做决策本身，另一个是实施决策，那么仅仅做出决策但不执行就是没有意义的。与西方管理相比，日本管理虽然在做出决策时很'慢'，但在执行决策时却要快得多。很多时候，如果将这两个阶段都纳入考虑范围，那么日本的管理实际上比西方的管理更快，当然也更加高效和有效。

你还记得我的伯伯奇克·意史巴廖尔讲过的一个故事吗？故事里的那个人（他提到过名字，但我不记得了）就借用了这句话所要表达的意思。据他说，这个人会独自一人来到奇克·都波尔堂小酒馆，点两杯'罚酒'，一杯自己喝，一杯原则上是给将要来的朋友准备的。他会在喝下自己的那杯后，时不时走到门前，高声说道：'你不来了吗？你要是不来，我就把你那杯喝了。'他会在门口喊两三次，如果朋友还没来，他就把两杯都喝了。这个故事中，他并没有约朋友，但也可以说是他没有与朋友约好，不是'你先走，我马上到'，而是'我先走，你马上到'。只不过朋友并不知道目的地，去了阿尔坎塔里利亚，而奇克·都波尔堂和奇克·达巴比纳小酒馆就在海滩不远处，在通向大海的一条路上。"

第十七章

转交是什么？

在一次和我的朋友利博里奥的谈话中，他表示对"转交"一词的意思不是很明白。

他不停地抱怨："抱歉了，但是每次我去公共部门收集有关我待解决事项的信息时，得到的答复都是'已经转交给有决定权的人了'。但这是什么意思呢？"

听到他说的这种烦恼，我想起二十世纪九十年代在东方某地目睹的一个案例。当时我正在教授一门硕士课程，课程名称是质量管理。其中有位学生对这门课很感兴趣，并打算为他所在的部门做 ISO 认证。这位学生在一家由葡萄牙管理者经营的知名企业里工作，尽管大部分资本属于一家法国企业。他怀着满腔热情，向所在机构的主管呈上一份启动认证程序的请示，并详细阐述了这样做的好处。面对这一请示，主管在下面写上了"提交上级审议"几个大字。上级收到后，也简洁地写上了"提交上级审议"。从一个"提交上级审议"到另一个"提交上级审议"，最终这份请示送到了董事会和法国管理者的手上。这位法国管理者觉得这个请示很有意思，对公司也很有用，因为他很早就想把质量问题纳入企业考虑范畴，而现在机会就在手中，因此写道："该建议很好，应给予支持。"大家都清楚，向上走的必然也会向下流，这个请示顺着向上传达的路送下来。每个之前写了"提交上级审议"的人也都会写上"该建议很好，应给予支持"。

利博里奥质疑道："组织里到底发生了什么，让他们这样办事？""因为害怕承担责任。"我回答道，"你所说的公共部门的情况也是如此。'转交'给人一种他们在按照程序工作的假象，决策不是由一个人做出的，也没有人对这一过程负责，就像我们家乡的女孩儿们玩丢手绢的游戏一样——手绢被扔向哪儿，就落在哪儿。""你还记得吗？"我问他。"我记得……我还经常和她们一起玩。"利博里奥回答道。

关于转交的故事涉及减轻责任，本质上就是把责任转移到另一个人身上。因为这个过程没有负责人，所以我们不知道该向谁追究责任。

第十八章

"手持铁锤，看什么都是钉子。"

——谚语

我的朋友利博里奥又一次出现在我家，就像是急匆匆去洗手间一样，他是来也匆匆、去也匆匆。那天，他一直在琢磨这句谚语，一进我家就迫不及待地说："你既然已经走遍了中国，快告诉我这个中国谚语究竟是什么意思。""我知道这个谚语，但它的起源被归于不止一个国家。不管怎么说，它的意思都不难解释。""你又在暗示我蠢。我对这些管理的东西一窍不通，就像你的爷爷曼努埃尔·维埃拉常说的，要教授别人知识，而非责备一个文盲。所以，教我吧。"他打断我说。

"你又开始生气了。你明白的，我正在教你，也在向你学习。这句谚语非常适用于管理方面的事务，正如我们一直在谈论的组织管理问题。如果我们想改善某些事情，就必须认清其问题所在。我想说的是，一切都要从问题入手。问题无外乎是实际情况与理想情况之间的差距。一旦识别出了问题，我们就需要对其进行分析，找出原因并设法解决它，这也就是在填补实际情况与理想情况之间的差距。但总有提升

赢在沉淀：
管理的智慧

的空间，因为一旦达到了理想状态，我们又会设想出另外一种理想状态。这是一个不断优化的过程。

要分析问题的原因，我们就需要模型，但应根据问题来选择，我们不能对所有问题都用同一个分析模型。模型是由问题决定的。现实情况是，多数人都能很好地掌握一种模型，并试图将该模型应用于所有问题；就好像他们只有一个工具——铁锤，于是一切看起来都像是钉子。因此，他们不得不'敲打'数据，这样才能知道这把'铁锤'是否管用。了解多种模型是重要的，我们虽然不一定要精通它们，但只要知道它们的存在，就能根据问题选择相应的分析模型。"

19

第十九章

沉淀的智慧

那些喜欢旅行并乐于在机场花几个小时观察四周的人，肯定会想，是什么让那些人一个个都坐在那里，有的捧着手机，有的抱着电脑，反正是在"抓着点什么"。有些人灌着咖啡，有些人吸着香烟，还有些人在他们的电子产品上忙个不停。

让我震惊的是，人们在结束欧洲两座城市之间的短途旅行后，一从座位上站起来就匆忙打开手机。有趣的是，就在这个下意识的动作后的几分钟，他们就开始接打电话。他们要谈什么事情？这些事情真就那么重要，不能等到下飞机之后再聊？还是说他们只是想通过这种方式显得自己十分重要，以至于飞机一落地，相关事务就迫不及待地找上门来需要他们解决？

我们生活在一个快节奏的时代。所有问题都需要被马上解决，我们毫不质疑地追着时间跑。信息技术不仅缩短了经济学家所珍视的时间变量，也拓展了空间变量。如今，有了互联网和移动电话，一天二十四小时，一年三百六十五天，无论在世界哪个角落，我们都随时候着。这就像一些餐馆为了广告效应而特意放置的"365 天 24 小时营业"广告牌一样，相信很快，许多高管也会在他们的名片上写上类似的字样，他们的所有时间都会属于雇主。员工没有属于自己的时间，没有时间学习知识，没有时间去自我成长，这无疑是一个悖论。

在我们生活的复杂世界里，组织越来越需要有能力的员工，但与此同时又剥夺了这些员工实现自己成长所需的时间。组织实施所谓的"面巾纸策略"，即雇用员工一段相对较短的时间后就将其解雇，从而促成了"无知而大胆者"的出现。所谓"无知而大胆者"，是指那些尽管从未真正深入研究过任何一个问题，但对每个问题都要提出自己看法的人。这是葡萄牙的一个真实现象，也为我们的生活增添了"色彩"。他们出现在电视上、报纸上，在一切能让他们曝光的地方露面，看到他们谈论从伊朗的核威胁到美国总统大选对欧元汇率的影响，最后再谈到本菲卡足球队，这真是一种乐趣。

组织要想生存，就要与这种认知相抗争，对许多方面的了解和认识不能浅尝辄止、不求甚解。组织需要那些真正了解自己正在处理的事务的人，而这需要时间——思考的时间。

如今，人们渴望消磨时间。他们活在一个个瞬间，如果某一瞬间不被占用，他们就会感到有压力。在国际机场上观察到的忙碌就与这种消磨时间的需求有关，而消磨时间意味着与某些东西保持联系（如工作、爱看的报纸、一起生活的人……）。我们越来越像是依赖锚的游牧民族，不断地抛锚、收锚，在其中寻找某种安全感。

"那我的锚是什么？"利博里奥问道。"只有你自己能回答好这个问题。"

20

第二十章

利博里奥成了管理学大师

我得承认，在完成了我亲爱的朋友利博里奥提议的管理学话题讲解会后，我就不见他的踪影了。就像突然出现一样，他也突然消失了。

我知道，他时不时就会想消失一阵，因此并不担心他会遇到什么事情。直到有一天，当我走进复兴地铁站时，有人递给我一张小广告，上面写着一位管理学大师提供咨询服务的联系方式。我简直不敢相信自己的眼睛看到了什么！一开始，我以为是一位吹嘘自己可以包治百病的非洲巫师，但不是的！上面写着他的名字（"利博里奥"），还有"大师"二字，不是"巫师"，小广告上还有他的照片。毫无疑问，在里斯本地铁站分发的成百上千张广告上写着，我的朋友成为"第一位也是最伟大的葡萄牙管理学大师"。

传单上写着：

利博里奥教授

第一位葡萄牙管理学大师

擅长处理营利或非营利组织的各类管理学问题。拥有遗传天赋。能解决所有组织的问题，甚至是最棘手的问题：生产率、缺勤、财务压力、长期债务催收、员工忠诚度、客户忠诚度、供应商忠诚度、新产品推出、旧产品重新推出、后勤、协商和其他所有常见的组织问题，尤其是无形的问题。在无形问题中，我们突出的是管理者与其秘书之间不合适的爱情问题。利博里奥教授刚从布基纳法索攻读完博士以及博士后归来，在那儿他专攻与企业社会责任有关的问题。布基纳法索，这个淳朴之人的国度，长期以来一直在开发关于企业和其主要利益相关者的创新技术。

如果您想让企业获得新生，解决影响企业发展的所有问题，请联系利博里奥教授。他将快速真诚、优质高效地处理您的问题。

咨询时间为周一至周日上午八点至晚上十点，可面询或来信。有效果后再付费。

电话 × × ×

我忍不住笑出声来。地铁上的其他人有些异样地看着我。我低下了头，继续在内心偷笑。我对我亲爱的朋友期待万千，唯独没想到他会自封为"葡萄牙管理学大师"。我们开展了十九次关于他所关心的管理事务的讨论，现在他自称是"大师"。我们不应该对此感到奇怪，因为我们生活在一个短期行为和公共关系盛行的社会中。利博里奥没有签约传媒公司，他只是想凭借自己的能力吸引客户。

我得承认，他学得很好，因为那张广告做得很不错。我不知道他是跟我学的，还是在布基纳法索时学的。据他说，他是在那里读的博士和博士后。无论如何，如果我们分析一下广告上的内容，就会发现他对资源非常重视。他的天赋是遗传来的。显然，这种天赋无法从一个人转移到另一个人，只能传给自己的儿子（但我不知道他有没有孩子，因为现在我们的国家已经出现了管理学大师，如果无人继承他的能力，那将会是遗憾的）。这种天赋非常稀缺、且无法传递，那么便具备了创造持续竞争优势的所有条件。

　　他还很注重向社会展现负责任的形象。我认为，他两次提到"布基纳法索"，这绝非偶然。据他所言，他在这个国家完成了他的博士和博士后研究，专攻社会责任。社会责任要求组织与其所有利益相关者，尤其是与社会，建立高质量的关系。还有比这个淳朴的国家更适合钻研这方面学问的地方吗？他并不满足于仅突出这一属性（他曾在讲诚信的国家学习），还在传单上列出了一些对他的工作有指导作用的价值观，包括：迅速、诚信、质量和高效。考虑到他是在一个讲诚信的国家完成博士和博士后学业的，本没有必要再强调"诚信"这一引领他工作的价值观了。但是，我的朋友利博里奥坚持在传单中强调了它，这表明诚信对他来说十分有意义。这不仅仅是写在纸上给葡萄牙人看的东西（宣传单是用葡语写的）。大家注意一下利博里奥工作的复杂程度：他不仅重视速度，也注重质量。将速度与质量结合起来并非易事，很多人都尝试过，但能做到的人却寥寥无几。利博里奥能够做到这一点，否则他就不会说：有效果再付费。

当人们纷纷说葡萄牙人不够有动力，甚至许多人开始质疑是否应该加入邻国西班牙时，我们的朋友利博里奥展现出了他的自信。他对自己的能力十分有信心，以至于只有客户取得了效果他才收费。这就是一个值得效仿的例子。有些读者可能会说：但他擅长的是无形的问题，很难去衡量取得的效果。他们说得很有道理。但实际上，专攻难以衡量的事情对他是有利的。因为他明白，虽然咨询后的效果难以被量化，但是他可以通过工作的质量获得声誉和收入。

衡量问题有很多方面。戴明说，管理即预测。如今，预测变得越来越难。因此，我们不能全盘相信预测的结果。如果无法预测，就建立不起来控制措施，管理者就会感到慌张，因为他们所学到的基本都是如何进行控制。

大家注意一下我们身怀多项技能的利博里奥教授，他处理所有（或几乎所有）可能会影响组织正常运转的问题。有人可能会说："这样的话，他可能会技艺不精或是对自己的业务不够专注。"也许会出现这样的问题，但是我们不要忘记，利博里奥在布基纳法索不仅获得了博士学位，而且还完成了博士后的研究。他非常愿意和同胞们分享他自己所学的知识——因此请相信他吧！

有人会说："利博里奥是如何在这么短的时间内成为一名大师的呢？"我回答道："外面有多少个'利博里奥'？我们只需要留心观察就能发现。"